JN088673

聖書のお話を 子ども たちへ

小見のぞみ

日本キリスト教団出版局

はじめに

　キリスト教は、聖書という 1 冊の本をみんなが読み、と
ても大事にしているユニークな宗教です。そこで、キリスト
教の教育がなされる教会や幼稚園、保育園、こども園、学校
や施設、団体では、そこにいるおとなが、そこにいる子ども
たちに、必ずといっていいほど「聖書のお話」をしています。
この本を手にしたあなたも、おそらく聖書のお話をずっとし
てきた人、定期的にしている人、これからすることになって
いる人、または役割上しなければならない人ではないでしょ
うか。

　全国には、ずいぶんたくさん、みなさんの仲間、子どもた
ちに聖書のお話をしているおとながいるだろうと思います。
でも、聖書のお話の仕方、それも、子どもへの聖書のお話の
仕方って、習ったことありますか？

　かつてわたしは、日本で唯一、30 年余り存在した「聖和
大学教育学部キリスト教教育学科」という珍しい学科で、キ
リスト教教育を専攻する学生でした。それで、聖書を子ども

たちへの物語に書き換えるということについて、初めて、なんと大学の授業で習いました（ついでに言うと、留学先のキリスト教教育の大学院の授業でも、聖書のストーリーテリングの演習がありました）。それらの授業は、今もあざやかに思い出される、わたしにとって大切なお話についての学びでした。でも、そんな経験は誰にでもあるものではありません。

　たいていは、CS（教会学校）育ちでいろんな「せんせい」の聖書のお話を聞いて育ったから、なんとなくこんな感じで、とか、キリスト教保育の園に就職したのでほかの先生たちの礼拝のお話を見よう見まねでやっている、教案誌に載っている例話や聖書物語の絵本、紙芝居をそのまま使っている……などではないでしょうか。

　日本が長い鎖国を解き、キリスト教が海外から入ってきたのは明治時代のこと。そのはじまりからずっと、もう150年も！「キリスト教」と名のつくところでは、子どもたちに熱心に聖書のお話をしてきました。数えきれないほどたくさんの、すばらしいお話が語られ、例話集や聖書物語に収録されてきたと思います。けれども、お話の仕方について語り手のおとなが学ぶツールや機会は、あまり整備されてこなかったのかもしれません。

　そんな2019年のこと、CSリーダーのための教案誌、『季刊 教師の友』（日本キリスト教団出版局）の編集部から、「ど

うやって聖書のお話をすればいいの？」という声に応える連載を、という依頼がありました。そうして「聖書のお話を子どもたちへ」と題したシリーズが、2020年4、5、6月号から3年間、12回にわたってはじまったのです。

執筆をはじめてほどなく世界はコロナ禍に巻き込まれていきましたが、3か月に1度やってくる締め切りに合わせて原稿を書くたびに、わたし自身があらためて聖書のお話を子どもたちに語ることの大切さ、尊さを身にしみて感じました。書かせてもらったわたしがいちばん、聖書が語る福音の恵みを受けとったのではないかと思います。この本は、その連載を、もっと多くのみなさんに届けるためにまとめ直した1冊です。

本書の第I部1〜10章は、連載の1〜10回の再録にあたるもので、レギーネ・シントラーの著作『子どもと祝うキリスト教の祭り──希望への教育2』の第2部「第5章 聖書のお話を物語ることについて」（141〜170頁）を用いたメインパートです。いわば基礎理論編となるところだと思ってください。

シントラーは、1995年に訳出出版されたこの本の5章において聖書のお話について具体的に述べながら、子どもたちに聖書を物語ることの本質、その神学的、教育学的な意味をみごとに解説しています。わたしは、このトピックについて

これ以上の本はないと感じ、シントラーのこの章を、授業でずっと使ってきました。本書でも、シントラーが取り上げている項目を追いながら、それをこれまで出会ったたくさんのお話や実践を交えて説明しています。

　後半の第Ⅱ部は、第Ⅰ部の基礎の上に立って、いざ、子どもたちにお話を！となったときに役立つ実践編、「聖書のお話、つくろう・語ろう」です。11章には、お話づくりの具体的な4つの手順と、ヒントとなる5つのタイプを載せています。

　続く12章は、そうしてつくった学生の聖書のお話を、わたしの勤務する聖和短期大学の学校礼拝で語ってみた実際の報告です。保育を学ぶ学生が、幼い子どもたちを思ってつくった聖書のお話と、その話を聞いた学生たちの素直なコメントを紹介します。

　本書の最後、13章は、聖書の伝統を「お話」という形で子どもたちに手渡すことのすばらしさに気づき、それをひたすら実践した先達、忘れちゃいけないお話名人の登場です。日本のキリスト教教育の歴史のなかで、子どもたちへの聖書のお話の文化を創りだしてくれた3人を紹介しますので、ぜひ知り合いになってくださいね。

　それでは、やはり、1章からどうぞ。

目　次

第 II 部

聖書のお話、つくろう・語ろう

＊本書の聖書引用は、ことわりがない限り『聖書　新共同訳』（日本聖書協会）に基づいています。

＊本書は『季刊 教師の友』（日本キリスト教団出版局）2020年4、5、6月号〜2023年1、2、3月号に連載された「聖書のお話を子どもたちへ」（全12回）に加筆して書籍化したものです。

装丁　クリエイティブコンセプト

装画・イラスト　柿沼まどか

I

レギーネ・シントラーに学ぶ
子どもたちへの聖書のお話

1　聖書のお話、はじまるよ！

お話当番、応援します

　教会や園の礼拝で、あなたにお話の担当が回ってきました。「やったぁ！」という人も、もしかするといるかもしれませんが、「わっ、準備しなきゃ」「ちゃんと話せるかなぁ」と心配になる人もきっとおられることでしょう。

　子どもたちはお話が大好きですから、楽しい絵本やおもしろいお話をたくさん聞かせてあげたいとわたしたちは願います。けれども、「聖書のお話」は、少し違う気がします。なにか特別な気がします。「聖書」というだけで、ハードルがぐっとあがってしまうものです。

　「わたしは聖書を伝えたくて CS 教師になったので、聖書を教えるのは好きなんだけど、礼拝で子どもにお話するのはちょっと苦手かな」という人もいるかもしれません。おとな相手なら、ふつうに自分の言葉が通じるように思うけれど、小さい子や、いまどきの若い人にはそうはいかない気がしま

す。子どもに届かない感満載で、お話の後のお祈りにようやくたどり着いて、聞き手も語り手もほっとする、そんな経験が、わたしを含めてみんなにあるのではないでしょうか。さまざまな年齢の子どもに、礼拝という場でお話をするのはむずかしいし、とても緊張しますよね。

　そこで、今を生きる子どもたちに教会や園、学校のおとなたちはどうやって聖書のお話を手渡すことができるのかについて、いっしょに学んでみませんか。この本はお話当番の応援団、そのためのガイドブックです。

　いろんな場所で子どもたちの前に立っているみなさんが、この本を読むことで聖書のお話を子どもに語るのが待ち遠しくなる⁉　それは無理でも、あまり苦でなく、お話ししてみようと思えるようになることを願っています。

学生たちとの「聖書のお話」授業

　わたしは、担当している短大と大学の授業のうち、保育・幼児教育を学ぶ学生が選択するキリスト教保育のアドバンスクラスと、キリスト教教育・教会教育を学ぶ神学部のクラスで、子どもへの聖書のお話を書くという課題をとりあげています。保育者をめざす学生たちは3〜5歳児に向けて、神学生はたいてい小学生〜中高生に向けて聖書のお話を書いて発表してくれます。

　書き手には、大学で初めてキリスト教と出会ったという学生も多く含まれているのですが、その「聖書のお話」に、わたしは圧倒され、気づかされ、感動します。聖書が誰かによって物語られることで、今まで思いもしなかった新しい考えが、光がさすように与えられる——授業で毎年のようにわたしはそれを体験させてもらっているのです。

　この、子どもたちへの聖書のお話創作課題は、受講生にも評判がよく「あれがいちばんおもしろかった」と言われたり、卒業生から「現場に出て役立ったから、研修に来てください」と頼まれることもあります。自分で聖書からお話をつくった経験、同じ聖書の箇所からいろんな友だちのいろんなお話を聞いて感激した経験が、深い学びにつながるのでしょう。

　この授業では、もちろん、お話を書いてもらう前に準備の学びをします。わたしは、レギーネ・シントラーが著した『子どもと祝うキリスト教の祭り——希望への教育2』の「聖書のお話を物語ることについて」を使い、実際例をそこに加えて解説しています。そこで、この本でもそれを枠組みに用いながら、聖書のお話を子ども向けに語ることについて考えていきたいと思います。

子どもはお話と生きていく

　そもそも、お話や物語ってなんでしょう。お話の世界は、

現実とはかけ離れた空想やファンタジーにつながっています。そんな目に見えないことや作り話、いわば本当ではないことが、子どもたちに何か意味をもつのでしょうか。

　ここに、お母さんを亡くしてしまった小さな子どもがいるとします。悲しくてさびしくて、その事実を受けいれられない子どもに、「お母さんはお空のお星さまになって、いつも○○ちゃんのことを見守ってくれているんだよ」というお話を聞かせたとします。それは、事実でしょうか。いいえ、もちろん違います。お母さんは、どんなに願ったとしても絶対に星にはなりません。けれども、そのお話が、その子どもを勇気づけ、慰め、辛い現実をゆっくりとおなかにおとしていくことを助けてくれるのであれば、そのお話は、事実をこえて真実なのだとわたしは思います。

　言葉によってつくりだされる目には見えないお話の世界を、子どもたちは少しずつ、想像力を使いながら味わっていきます。そこでくりかえし、ドキドキし、わくわくし、ほっとすることで、「あーよかった、だいじょうぶ」を体験していくのです。そしてその安堵やハッピーエンドの幸せな気持ちが、子どもたちが現実社会で自分の人生の物語を書いていくときの下敷きとなりモデルとなっていくのです。

　アジアの偉大な詩人タゴールは、それを、この世界には「ほんとうのこと」と「もっとほんとうのこと」の２つがあると言い表しました（ラビンドラナート・タゴール『もっとほ

んとうのこと』)。目に見える事実・ほんとうのことも大事ですが、人は、目に見えない真実・もっとほんとうのことに支えられて生きていくのだと思います。お話は想像の翼を育てます。お話をたくさん聞くことで、子どもは、夢や希望を持ち、見えないものを信じ、他者に共感できる子どもになっていくのです。

聖書のお話はキリスト教の特権

キリスト教のことに戻りましょう。日曜日に教会でおとなたちがささげる礼拝は、前奏からはじまり賛美や祈祷、信仰告白、聖書朗読、説教、献金など、さまざまなもので成り立っていますが、子どもたちとささげる礼拝には、最低限何が必要なのでしょうか。

岸本羊一先生は、幼い人たちのことを考え、特にキリスト教の幼稚園の礼拝について書かれた文章で「幼稚園礼拝のかたちは単純なほうがよい。そのばあい、讃美、説教、祈りという3つが構成要素となる」と述べています（「幼稚園の礼拝」『キリスト教幼児教育概説』213〜214ページ）。礼拝は、いちばんシンプルにすると「賛美・聖書のお話・祈り」の3つの組み合わせになるというのです。

子どもの礼拝の核となる3本柱に選ばれた「聖書のお話」。それはまさに、なくてはならない働きをになっています。神

について語ることを例にして考えてみましょう。

　シントラーはこう述べています。子どもから、「神さまってどんな方？」と聞かれたら、おとなはたちまち困ってしまいますね、と。たしかにそうです。みなさんならどう答えるでしょう。神の性質について神学用語を使って説明しても、子どもはきょとんとするだけだし、語るほうも子どもには理解がむずかしいとわかっているので気恥ずかしいものです。けれどもシントラーは、「大切なことは、子どもたちに、神についての物語を語ることができるということなのです」と言っています。

　だいじょうぶ！　わたしたちは、お話という形によって、神さまのことを伝えられるというのです。聖書は神さまの物語で満ちています。福音とは、子どもにとってのうれしい知らせ＝お話なのです。聖書のお話をすることで、わたしたちは子どもたちに、神さまがどれほどわたしたちを愛してくださっているかを伝えることができます。わたしたちは聖書のお話を語ることができるのです。さあ、そのすてきなアドバンテージをいっぱい使って、聖書のお話をはじめましょう。

2 聞き手ファーストの心で

関係こそ「伝わる」土台

　レギーネ・シントラーは、聖書のお話について語る章の冒頭に、「一、物語るか、または朗読するか」という不思議な2択の項目をあげています。そして、「物語ることは、ほとんどの場合、朗読するよりも効果があります」(『子どもと祝うキリスト教の祭り』)とはじめています。朗読より物語るほうがいいって、そりゃあそうでしょ……と思ったみなさん、わたしも同感でした。「さぁ、子どもへのお話だ」と意気込んだとたんに感じる、肩すかしのようなこのはじまりは何でしょう。

　「物語ること」と「朗読すること」には、どんな違いがあるかを考えると、謎はみるみる解けていきます。朗読するとき、話す人は「読み手」になり、目は本を見ることになります。一方、物語るとき、話す人は「語り手」になり、聞いている子どもたちを見つめます。物語の語り手は、聞き手と向

き合って、聞く子どもたちに語りかける存在（相手）となる
──。つまり、物語るということは、朗読するときには現れ
ない、語り手と聞き手の対面状況をつくりだし、そこに、両
者の関係や結びつきが生まれてくるのです。

　たとえば、あなたの大好きな人が、目の前で一生懸命あな
たに向かって話をしているとします。そんなとき、わたした
ちはその話をそっぽを向いて聞いたり、「どうせ全部デタラ
メだ」なんて思いません。その人が熱心に想いを込めて語る
ことを自分も知りたいと耳を傾け、心を寄せて「聴き」ます。

　聖書を物語るときにも、そんなあたたかい結びつきのなか
で、わたし（語り手）が感動し、言いたくてしかたないと思
ったことを、親しい子どもたちに手渡せたらと思います。イ
エスさまが弟子たちを「友」と呼んで、やさしくお話しして
くださったように。

　シントラーが「物語るほうが大事だ」ということによって
伝えているのは、そのことなのです。つまり、お話をすると
きは、まず、そこに居る聞き手に注目すること、そこに在る
語り手と聞き手の関係こそお話を成立させる土台なのだとい
うことでしょう。

　ただ、よい関係のなかで物語るということは、子どもによ
く思われる、人気者になれということではありません。聖書
のお話をするときは、まず、目の前にいる子どもたち一人ひ
とりの顔を見て、気持ちに寄り添い、語りかけてみましょう。

語り手に聞き手を思う心があるとき、お話は生き生きと伝わっていくのですから。

対面と対画面は大違い

ところで、わたしたちが礼拝でふだんしている、ずっとしてきた、このような「対面によるコミュニケーション」は、実はとても貴重なものになりつつあります。現代社会は、「対画面のコミュニケーション」で溢れているからです。

これからわたしたちが出会う子どもたちは、生まれたときからスマートフォン（スマホ）やタブレットが生活のなかにあるという環境で育っています。なかには、赤ちゃんのときから、1日何時間もスマホに「子守」をしてもらった子どもがいるかもしれません。親が忙しくて、テレビやゲームの画面を見ながら多くの時間を過ごし、ひとりで食事（孤食）するのが日常という子どももいるでしょう。

米国での経済格差と子どもの育ちを論じるロバート・パットナムは、「金持ちの子どもは対面時間が多いが、貧しい子どもはスクリーン時間が多い」と述べています（『われらの子ども』147 ページ）。日本でも深刻化する子どもの貧困問題から言うならば、貧困によって、子どもたちは絵本の読み聞かせや親子の語らいといった対面時間を奪われ、その隙間をスクリーン時間で埋めている可能性があります。幼いときから

の長いスクリーン時間は、生身（なまみ）の人間とじかに出会い、言葉をやり取りすることで生まれる豊かな感情や愛着を子どもたちから奪ってしまうのです。

　加えて、子どもたちが自分のスマホを持ち、対画面時間が増大すると、これに頼る傾向はさらに強まります。すべてはスマホが瞬時に教えてくれる――子どもに限ったことではありません。とくに、映像（動画）は、文字や言葉とは違って、視聴者に理解力や考察力、そしてとても怖いことですが、想像力や共感力を働かせることを求めません。そこには、人間同士ならば生まれる疑問や葛藤（かっとう）もありません。ただ受け身で見ていれば、一方的に情報が流れこみ、わかったような気持ちにさせてくれるのです。

　先日、学生が「聞いてー」とやってきて、「なんですぐにLINE（ライン）で報告してこなかったのって怒られた。でも、すごく大事なことだから、直接会って話したかったの！」と言うのです。そうだよね……。

　なんでも「すぐに」画面から得られる時代に、わたしたちは教会や園、学校で、決められた時間に決められた所に集まって、顔を合わせ、お話を聞き、お祈りをし、礼拝の時間をまもります。たとえそれが２人または３人であったとしても、たとえそれは「すぐに」実現できなかったとしても、そこにはイエスさまが共にいてくださり、豊かな対面の関係が生まれているのです。

「あーおもしろかった」

わたしが、ある教会で教育主事をしていたときのこと。
CS礼拝が「これでおしまい」となったとたん、ひとりの子
ども（幼稚園の年中さん）が「あーおもしろかった。こんど、
いつ？」と、司会をしていたわたしに言ってくれたことがあ
りました。子どもが「またしたい！」と思える礼拝は、その
子にとって「おもしろかった」と思える礼拝、つまり、ひき
つけられ、心が動かされるものだということを忘れないよう
にしたいですね。

物語る対面の時間がどんなに重要であったとしても、そこ
で語られるお話が子どもにとっておもしろいものでなければ、
子どもは聞いてくれません。「すべて、物語は楽しく、緊張
感のあるものでなければなりません。退屈でしかないことは
物語ることにふさわしくありません」と、シントラーは言っ
ています。いやいやこれは語り手側からすると、とてもきつ
い言葉です。けれども立場を聞き手側にかえると、たしかに
大きくうなずけます。

では緊張感のある楽しいお話というのは、いったいどんな
話なのでしょう。それは、はじまったらどんどん引き込まれ、
一気に山に登るようにクライマックスに向かい、頂上が来た
らさっと終わる——そんな話を言います。言うのはとても簡

単ですが、するのはとてもむずかしそう……。

「つかみ」とスピード感

はじめから完璧をめざす必要はありません。まずは「退屈じゃない」話に一歩近づくために、自分がつくったお話の導入部分を見直してみましょう。何ごとも最初が肝心です。お話も「つかみ」が決め手と心得て、この部分は念入りに検討します。

シントラーは、導入部分で、たとえば「今からカエルが王子様になったお話をします」というように、せっかくの結論やお話のまとめを先取りしてしまうのはNGだと言っています。たしかに、聞く前にそれを言われたらがっかりです。また、ついCS礼拝でしてしまいがちなのですが、「今日の話（聖書箇所）はちょっとむずかしいんだけど」と、言い訳や前置きからはじめるのもやめたいですね。子どもはそれを聞くと、「むずかしいのか、じゃぁ、わからないから無理」と耳をふさいでしまいます。

お話の準備ができたら、もう一度、自分のつくったお話のはじまりを読んでみます。とくに第一声は重要です。「なになに？」と子どもたちが次を聞きたくなるフレーズを探してみましょう。

また、「退屈じゃない」話にするために、くどくどしい説

明や不要な言葉、本筋から離れていく寄り道はないかなという視点で見直すことも大切です。それらを省くだけでも、いつものお話にテンポがついて、そのスピード感が「緊張感のあるお話」を生み出してくれるはず。レッツ、トライ！

3 物語る言葉 その1

「初めに在ったのァ　神さまの思い」

　本章から2回にわたり、聖書を子どもたちに語るとき、わたしたちが使う言葉について考えます。

　見出しにあげたのは、聖書をふるさとの言葉に訳した医師、山浦玄嗣先生による「初めに言があった」（ヨハネ 1:1）にあたる部分です（山浦玄嗣『イエスの言葉──ケセン語訳』）。わたしたちが読み、語ろうとする聖書は「神の言」ですが、山浦先生はそれを、「神さまの思い」と言い換えています。とすると、「聖書の言を拝読します」は、「神さまの思いを聴きましょう」とも言うことができますね。

　ふだん読み慣れた聖書を違う訳で読むと、ハッとさせられることがあります。同じ箇所が新しい意味をもって開かれてきます。言葉はとても不思議です。どんな言葉を使うかによって、伝わっていくものを変えてしまうのですから。

　わたしたちを暗闇のなかで照らす光、神さまそのものであ

る神の言は、山浦訳では「あらゆるものォ生がす力ァ有って」と言われています。あらゆるもの、今どんな状況におかれている人でも、生き生きと新たに生かす力がある。本当に力強いその神の言を、子どもたちに届く言葉で伝えたいと願います。では、わたしたちが使う物語る言葉に関して、心しておくことは何かを考えてみましょう。

子どもの言葉に合わせる

　まず何よりも大切なのは、聞いている子どもの言葉で語るということです。それによって、はるか昔の聖書の世界を、子どもたちは「自分に関係のあるもの、自分の生死の問題に答えるもの」と感じるのだとレギーネ・シントラーは述べています。ふだん子どもが口にし、聞いている言葉で話されれば、子どもはそれを自分のこととして受けとめられます。

　だとすると、それは語り手であるおとなが当然しなければならないことなのですが、わたし自身を含め、長くおとなをやっていると、そのことをつい忘れてしまうように思います。子ども時代を遠く離れたなぁと自覚するおとなは、子どもの言葉に合わせて語るのは案外むずかしいのだと思ってかかるぐらいが、ちょうどよいのかもしれません。

　裏を返すとそれは、毎日子どもと接する子育て中のお母さん、お父さんや保育者たち、最近まで子どもの側にいた若い

人たちほど子どもの「言葉の状態」をよく知っていて、子どもへのよい語り手になれるということです。わたしはいつも、園の先生や実習を経験した学生など、子どもの近くにいる人たちが語るお話の言葉選びに感心します。

　もうひとつのお手本、先生になってくれるのは、子どもたち自身です。子どもの話を聞くこと、それがとても大事なのです。子どものおしゃべりに耳を澄ましていると、子どもと話す言葉が自然とわかってきます。ぜひ小さい「おしゃべり友だち」を見つけ、仲良くなりましょう。その子こそ、あなたのお話づくりを導く偉大な「お師匠さん」です！

コミュニケーションとしてのお話

　ここでもうひとつ意識したいのは、わたしたちのお話が、子どもとのコミュニケーションとなっているかということです。コミュニケーションという言葉は、もともとコムニス、「みんなのもの・共通の」という意味のラテン語からきています。ですからコミュニケーションとは、一方的に伝達する「言いっぱなし」ではありません。送り手が伝えようとする情報・メッセージが、思いや気持ちも含めて聞き手と分かち合われ、共有されてはじめて成り立つ「通じ合い」のことを言います。

　そこで、コミュニケーションとなっている聖書のお話とは、

神さまの思いが、語るわたしたちの願いと共に聞く子どもたちに通じ合い、「アーメン」本当にそうだね……と思われているということなのです。

教会での共通体験を広げる

そんな「通じ合い」は、通じる言葉の範囲でしか起こり得ないものです。そのことを楽しく教えてくれる、とっておきのエピソードを紹介します。

わたしの友人の子ども、4歳のSちゃんは、年中さんになる春に引っ越して、初めてキリスト教の幼稚園でクリスマスを迎えることになりました。そんなある日のこと、園から帰ってきたSちゃんは聞きました。「ねぇおかあさん、スクイムシってどんな虫？」

たぶん先生は、もうすぐやってくるクリスマスについて、それは「救い主」のお誕生のお祝いですというお話をしたのでしょう。「救い主」という言葉は、語り手である先生の語彙・経験領域のなかにちゃんとありましたから。ところが、その言葉は聞き手であるSちゃんの知るところ（経験領域）にはありません。よく知っているのは、「○○虫」「△△虫」といろんな名前が入ってくる虫たちのことだったのです。

外国語しか話せない人と自分が、コミュニケーションをとろうと思ったら、と想像してみてください。必死で、お互い

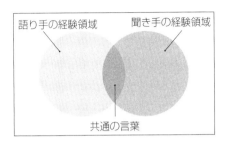

語り手の経験領域　　聞き手の経験領域

共通の言葉

がわかる単語、共通言語を探しますよね。相手が経験し知っ
ている領域（片方の円）と、自分が知っている領域（別の円）
の重なった部分、つまり共通のところにある言葉だけが通じ
合う言葉となるのです。

　そこでわたしたちは、たいていの場合無意識に、自分と聞
き手である子どもたちとの共通領域、重なりを見つけ出し、
そこにある言葉で語っています。それを一歩進めて、重なり
を広げていくことに挑戦しましょう。子どもたちと教会でい
っしょに過ごすことは、神さまの思いのもとにある共通の体
験を増やし、重なりを広げてくれます。そしてその広がりが、
子どもに聖書を語る言葉を豊かに、自由にしてくれるのです。

「くりかえし」の持つ力

　最後にあげたいのは、少しむずかしい言葉、新しい言葉を
使うときに、説明という仕方でなく、子どもたちの知ってい
る他の言葉でくりかえすという方法です。別の言い方でくり

かえし聞くことで、子どもたちは知らなかった言葉を、自分の知っていることのなかに入れていきます。そうして、子どもたちの語彙は広がるのです。

　子どもにとって「くりかえし」は、「あたかも自分の家にいるような親しみを感じさせるもの」だとシントラーは述べています。子どもはくりかえしが大好きです。何度も何度も、同じ絵本を「読んで」と持ってきて、飽きません。くりかえし聞くことで納得し、お気に入りにし、自分のものとしていくのでしょう。

　ですから、聖書のお話のなかにおいても、大切なことは、さっと流さずにくりかえして言葉にしましょう。もう一度、さらにもう一度、言葉を重ねて構わないのです。

　それは、子どもが好きな聖書のお話にも有効です。何度でも同じお話をくりかえして語りましょう。「知ってる！　知ってるぅ！」とすぐ言いますが、それは「聞きたーい！」の裏返し。学生の礼拝コメントにも、よくこう書いてあります。「今日のお話は、前に授業でやって知っているお話だったので、うれしかった」と。

4　物語る言葉　その2

「練ること」のススメ

　2020年以降の新型コロナウイルスの感染拡大によって、教会教育の場も大きく様変わりしました。子どもたちに対面で聖書のお話をする、というそれまでの日曜日の光景が一変してしまい、もとに戻れないままになっている教会もあるかもしれません。

　大学では、チャペルアワーに礼拝堂に集まって直接聖書のお話を語ることができなくなりました。そこで、わたしのいる短大では、その間ホームページに、聖句と宗教主事からのメッセージを載せることにしました。開始にあたり、注意するよう言われたのは「ただし、短く」の1点です。学生がスマートフォンで見て、数回のスクロールで読める分量に抑えるという鉄則のもと、1話完結の聖書のお話をしばらく書くことになりました。

　これには、鍛えられました。聖書のお話を字数制限内で

「読みもの」、まさに「読んでもらえるもの」にしようとすると、いろんなことを考えなくてはなりません。何度も書いては消し、言葉や表現をくりかえし添削して作文する。読み手のおかれた状況を想像しながら、自分の文章をシェイプアップする必要にせまられました。

　この経験は、わたしに文章を「練ること」、つまりよりよいものとするためによく考えて、修正を加えることの大切さを、あらためて教えてくれたように思います。

シンプルな一文を積む

　聖書のお話も、もちろん「練ること」が大事。そこで、ここからはお話を練る際に参考になる、レギーネ・シントラーがアドバイスする３つのポイントを紹介しましょう。

　１つめは、お話の文章には複合文を避け、できる限り簡潔にすることです。文字として書かれている文章は、理解できなければもどって読み返すことができますが、話したとたんに消えてしまう口話の文章は、子どもが聞いたそばからわかるものでなければなりません。

　そのためには１文を短くし、短文と短文を接続詞でつないでいく──「ネコがいました。そこへ、リスがやってきました。今度は、タヌキもやってきました。ところが、キツネはいなかったんです」というイメージです。

　文章を書いていると、つい複雑に形容がかかる言葉や、長い修飾を使って何行にもわたる長文にしてしまうものです。けれども、それは、聞いている子どもを途中で迷子にしてしまうことになります。自分の書いたお話を読み直し、長い文章がないかという視点でチェックし、見つけたらその文章を2つか3つに分けてみましょう。明快でリズムのあるお話になっていきます。

　形容詞に注意！

　2つめのポイントは、形容詞の使い方には気をつけようということです。わたしたちは、さまざまな形容詞の力を借りてことがらを表現しています。でも、形容詞って、ともすれば、多様な側面や微妙な違いをまとめてひとくくりにし、そのラベルをベタっと貼って片付けてしまう性質があるんだよとシントラーは言います。とりわけ「良い」「悪い」のような評価を伴う形容詞には、特別な注意が必要だ、と。

　たしかに、「あるところにかわいい女の子がいました」と出だしで言われたらどうでしょう。どんなふうにかわいいのか、ちっともわからず、おもしろくもありません。「ペーターという悪い少年がいました」もそうです。こんなとき必要なのは、レッテル貼りの形容詞よりも動詞です。ペーターは今日こんなことしたよ、あんなこと言ったよ、とお話の内容

で展開することによって「ペーター、わるっ！」と聞き手が思える、それこそがお話の醍醐味なのです。

　もちろんわたしたちは形容詞なしで文章を書くことはできませんので、「評価を決めつける形容詞」にだけ目を光らせましょう。自分が書いたお話のなかに、ふだん、つい使ってしまう、「いい」「すごい」「ひどい」などの形容詞がないか注意して見直し、他の言葉や表現に言い換えたいですね。

会話文でいきいきと

　ポイントその３は「間接話法より直接話法を」です。それはどういうことでしょう。聖書にこんなお話があります。夜通し漁をしても何もとれなかった弟子（漁師）たちに、イエスさまが「沖に漕ぎ出して、もう一度網をおろしてごらん」と言われ、お言葉どおりにしてみると、「魚がいっぱいとれました」というのです（ルカ 5:1–11）。

　この「魚がいっぱいとれました」は、副詞「いっぱい」を使った説明文です。これを「舟の上は、あっちもこっちも魚がピチピチ飛びはねています」とすると、もう少し、大漁の情景がわかりやすくなります。けれども、これもまだ間接話法です。それを直接話法で言ってみると——。

　「わっ、なんだなんだ！　ひとりじゃ引っ張りあげられないよ！」「おーいヤコブ、手伝ってくれ！」「うんしょ、よい

しょ」「ヨハネも来て、来て」「うんしょ、よいしょ」「うわ
ぁっ!!」

　これも、たしかに「魚がいっぱいとれました」ですよね。
ナレーターが間接的に説明してしまうのではなく、登場人物
に語らせることで、お話は鮮やかに動き出します。あらすじ
の説明が多いなと思ったら、思い切ってそこを「カギカッ
コ」、会話文、つまり直接話法にしてみましょう。

　先日、授業で、保育科の学生たちに子どもへの聖書のお話
を書いてもらいました。そのなかに、善いサマリア人のたと
えを題材にして、5歳児に向けたお話がありました。そこに
は、山で倒れているおサルのウキの横を通り過ぎる、キツネ
のスーと、リスのルーが出てくるのですが、それぞれこんな
ことを言っているのです。「知らない人だし、ボクには関係
ないからいいや」「誰か倒れてるけど、別にいいや」。

　スーとルーのつぶやきを台詞にすることで、イエスさまが
たとえ話のなかで「道の向こう側を通って行った」(ルカ
10:31–32)と言われたことの意味が、子どもたちにありあり
と伝わっていくと感じました。お話のなかで、登場人物の言
葉を使う直接話法の力を、学生の作品からあらためて教えら
れた一コマでした。

最後に「声」のこと

　お話のなかの会話、話し言葉はまた、語り手に、登場人物にあわせたさまざまな声色を使わせてくれます。それはお話を楽しいものにする大切な要素です。

　実はわたし、講演や礼拝の後、内容ではなく「声」を褒められることが結構あります。それってどうなの⁉かもしれませんが、わたしは素直にうれしいです。なぜなら、わたしたちには、神さまが一人ひとりに別な声帯をくださっていて、それを使って思いを伝え、さまざまな話し方ができる──まさに声は神さまからの贈り物だからです。

　このステキな楽器を用いて、いろんな声を子どもたちに届けられるように練習してみましょう。あなたにしか出せない声を通して、神さまの思いを、心地よいもの、うるわしい調べ〈福音〉として響かせたいですね。

5　物語は「人生経験」に

すべては経験からはじまる

　教育の現場で「知る」「学ぶ」ということに関わっていると、いつも思わされることがあります。それは、わたしたちはみんな「自分が経験したことしか知らない」のだという事実です。子どもや学生に何かを知ってもらうには、経験してもらうしかありません。

　たとえばわたしたちが母語を知っていて、自由に使えるのは、生まれた瞬間からその言葉のシャワーを浴び、それに浸されてきた経験があるからなのです。たくさんの言葉を聞いた経験、そして自ら言葉を使うことで想いが通じたうれしい経験が積み重なり、それは獲得されたのです。

　わたしたちは、見た経験、触った経験、聞いた、読んだ、食べた……経験を、悲しかった、うれしかったなどの感情と共に実感し、それらを「知っていること」にして自分にとどめていきます。そして、日々新たな未知の人生を、知の記憶

を掘り起こし、フルに働かせて想像し予知しながら生きているといえるでしょう。

　信仰も同じことです。米国キリスト教教育界のオピニオンリーダーであるウェスターホフは、「信仰は、最初、他より規定される仕方で経験される」と述べ、「人は最初、キリストを神学的命題としてではなく、感情的経験として学ぶ」と言っています（『子どもの信仰と教会』150 〜 151 ページ）。

　子どもたちが神さまを知り、信じるようになるためには、誰か他者、信仰者であるわたしたちおとなが子どもたちと関わることが出発点。そして、わたしたちの信仰が子どもたちにうれしいもの、心を動かされるものとして体験、実感されるとき、「子どもの信仰」は芽ばえ、成長しはじめます。つまり、信仰は経験されることによるのです。

　そして、そんな子どもたちの実体験を生み出すひとつのすばらしい方法が、今、わたしたちが取り組んでいる「聖書のお話を語る」ことになります。

聖書を追体験する装置

　子どもたちはお話が大好きです。お話を聞きながら、いっしょにハラハラ、いっしょにドキドキ、いっしょにホッとして楽しみます。お話の世界に入り込んで、登場人物の誰かと自分を一体化（同一化）させ、お話のなかで起きていること

を自分の経験としているのです。

　「お話」を聞くことによって、子どもたちは、ふだん経験できないようなこともお話の世界で追体験することができます。同じように「聖書のお話」を聞くことによって、子どもたちは、目には見えない神さまの働き、その愛と恵みの世界を経験、実感することができるのです。

　我が家の子どもたちが幼かったころ、寝る前に毎晩、聖書物語を読み聞かせていた時期がありました。そんなある晩のこと、その日は、出エジプトの「葦の海を渡る」奇跡のお話でした（レギーネ・シントラー『聖書物語』）。追っ手から命からがら守られた夜、モーセの姉ミリアムがタンバリンを打ちながら、賛美と感謝をささげ、その歌声がイスラエルの宿営を静かに流れていく……というところでお話は終わりました。

　すると、その瞬間、それまでじっと聞いていた娘が、「♪ダンス、ダンス、どんなときも／わたしは踊りの主だから」（『讃美歌21』290「おどり出る姿で」の友人私訳「踊りの主」のリフレイン部分）と、当時よく口ずさんでいた賛美歌を歌い出したのです。

　彼女は、ミリアムといっしょに、神さまがエジプト軍を海のなかに沈めた光景を目撃しました。神さまは、そこまでしてわたしたちを守ってくださることを体験したのです。それで、いっしょに賛美の声をあげずにはいられなかったのだと思います。

フィクションはぜんぜんアリ

このようにお話による追体験がなされる際、子どもたちはお話の登場人物に自分を同一化しています。同一視する人物はひとりとは限らず、お話のすじのなかで移っていく場合もあるとレギーネ・シントラーは述べています。

そうは言うものの、子どもたちは、お話の中心人物と自分を重ねることが圧倒的に多いと考えられます。そこで、わたしたちはお話をつくるとき、子どもが物語に入り込みやすいような人物が登場しているかに注意しましょう。

シントラーは、主役が個人ではなくイスラエルの民など集団である場合、つまり、中心人物がはっきりしない場合は、架空（かくう）の人物を設定することを勧めています。とくに対象が「比較的小さい子ども」である場合は、そのようなフィクションによる挿入がゆるされ「そうしたほうが良い」と思うと述べています。

ずいぶん昔のことですが、CS教案誌『季刊 教師の友』（2002年7、8、9月号）に出エジプト記の「マナが与えられる」のテキストから礼拝のお話案を書いたことがありました。そのお話には、ハマルとアンナという架空の子どもたちが登場しています。おなかがすいたイスラエルの人々のところに、「神さまのパン」が与えられたこと、その美味（おい）しくて、不思

議で、幸せな体験が子どもたちによって語られるスタイルを、わたしはとっていたわけです。

　架空の人物を設定するには、このように、「子ども」から試してみるのがお薦めです。ただし、入れすぎには注意しましょう。あまりに複雑な人間関係が入り込むと、お話がわからなくなってしまいます。「一人または一対(いっつい)」、つまり数人までにとどめるのが良いようです。

子どもたちの人生を準備する

　わたしたちが語る聖書のお話のなかに、子どもが自分を重ねることができる人物を入れることで、神さまの物語を体験してほしいと、書いてきました。というのは、今は、子どもが生きるのにとても大変な時代だと思うからです。あらゆる情報やモノであふれ、便利で賢い AI まであるけれど、人間が本来体感すべき、自然や人との直接のつながりが極端に制限された社会、それが今の子どもたちが生まれ育つ世界です。コロナ禍で、無機質な環境はさらに広がったのではないでしょうか。

　子どもたちはこの殺伐(さつばつ)とした風景のなかで何を頼りに、誰の声を聞きながら生きていくのでしょう。

　聖書のお話、神の民の歴史と物語を子どもたちが体験的に聞くことは、旅に出かける前に、頼れる地図を手渡されたよ

うなものだと思います。前もって手にした人生経験と言ってもいいでしょう。それは、子どもたちの生涯において、困難と不安だらけの世界を歩み出す羅針盤となり、励ましや安らぎを与えてくれるあたたかい我が家ともなるのです。

　子どもたちが、自分の生き方や振る舞いを学ぶことができる聖書のお話。それはまた、敷かれたレールもあるようでいてたしかなものはなく、めざす人物像がはっきり見えないこの時代に、究極のロールモデルを与えてくれるものでもあると思います。

　福音書のイエスさまの物語を学んだ学生のノートに「わたしもイエスさまのように生きたい」と書いてあることが、けっこうあります。イエスさまのお話をたくさん聞いて、その生き方が大好きになると、自分もそんなふうになりたい！と、なんとイエスさまをめざすようになるのです。

　そんな発言は、とても大それたことに思えて、気はずかしく、長年クリスチャンをしている人ほどできなくなっている気がします。でも、聖書のお話は、わたしたちの道しるべ。「♪ああ　わたしもイエスさまみたいになれたら」（『こどもさんびか』106「イエスさまは　イエスさまは」）と歌いながら、人生を歩いていきたいものですね。

6　子どもの世界と聖書を結ぶ仕事

「聖書だから」のむずかしさ

　本書の第1章に、「聖書のお話」をするとなると、他の話とは違う特別感があって、ハードルがあがってしまうと書きました。それはなぜかというと、やはり、「題材が聖書だから」ということになるでしょう。

　聖書は、聖なる書物と名づけられているように、人間に「聖なる神」を伝えてくれる特別な本です。けれどもそんな「聖書だから」が、ある誤解を生んでいるとレギーネ・シントラーは語っています。聖書を物語る際、宗教的な素材であるということが、「うやうやしい（敬虔な）」言葉で話さなければいけないという誤解につながっているというのです。

　「敬虔」という言葉自体が、死語のようなものだと思いますが、「神仏などを深く敬い慎むさま」を言います。つまり、聖書は、神聖なものであるから、ふだんとは違う厳しい言葉で語られ、拝聴されなければならないと考えられ、そのよう

に扱われているというのです。

　聖書を語ろうとすると、まちがってはいけないと力が入り、言葉の調子が固くなったり、子どもにはむずかしい抽象的な言葉をそのまま使ってしまうことがありますよね。けれどもそれが、子どもたちには、聖書の話ってなにかすごく特別らしいけれど、自分たちには関係ない別世界のものとして受けとられることにつながります。

教会の言葉・キリスト教の言葉

　ある学生が、初めてキリスト教会の礼拝に行ったというので、「どうだった？」と聞くと、開口一番「違う国の言葉、話してた」と言われたことがあります。衝撃でした。何年たっても忘れられません。教会に行ってみたら、外国に行ったみたいにチンプンカンプンだったと言われたのですから。

　長く、あるいは親しく教会にいるわたしたちは、教会の言葉、キリスト教（宗教）の言葉を、自分が自由に使える言語として何気なくしゃべっています。教会というところでは、とてもユニークで驚くべき福音が特別な言語で表現されている──そうであるがゆえに、その言語が通用しない人にとって、それはまさに耳慣れない「異国の言葉」になってしまうのです。

　言葉が通じない人にわからないのは当然だと、そのままに

していいのでしょうか。パウロはコリント教会で語られる異言について、「言葉の意味が分からない」なら、話し手は「外国人」になっていると述べ、意味が通じない話をすることは、「空に向かって語る」のと同じだと書いています（Ⅰコリント 14:9-11）。外国語は、通じるように翻訳（通訳）されなければ何の意味もない、虚しい音にすぎません。

　わたしたちは、今を生きる子どもたちに向かって、聖書を何語で話しているでしょうか。子どもが住む世界と別の国の言葉、使っていませんか？　ときおり立ち止まり、ふりかえってみたいですね。

子どもの言葉

　子どもが、自分とは関係ないことだと思ってしまわないように、聖書を「子どもの言葉」で語ることが大切です。けれどもそれは、言葉づかいを子どもっぽく、幼稚にするということではありません。これまでもくりかえし語ってきたように、子どもにわかる言葉、子どもが使っている言葉で、子どもの日々の生活に関わらせて聖書からのメッセージを物語るということです。

　大がかりな撮影機材がなくても、簡単に動画がとれる時代です。ときには、CS 礼拝（お話だけでも）を撮って、スタッフ会や自分自身で見直してみましょう。子どもにわからない

言葉を使っていないか、子どもたちがむずかしいと感じる概念や、ついていけない飛躍《ひやく》がないかという点に集中して聞き直してみると、「外国語」が見つかるかもしれません。

動画で録画すると、「話すとき」特有の思わぬ癖《くせ》を見つけるというオマケもついてきます。自分の話している姿を、客観的に見られる貴重な機会となりますので、撮りあいっこするのがおすすめです。

くまのテディに教わったこと

10年あまり前、3冊の絵本『くまのテディ』シリーズが出版されたとき、書評を頼まれ、テディと出会いました。『おはよう』には、毎朝新しい、目ざめたときの子どものうれしい発見と感謝が、『おやすみなさい』には、夜ひとりで暗い部屋で眠る不安と守られている安心が、『ごめんなさい』には、抑えられないむしゃくしゃをまき散らして、後でがっかりする気持ちと、それを神さまにゆるされた喜びが描かれています。

英国の3人の女性たちによってつくられたこの絵本の扉ページの裏には、その本のテーマとなる聖句が記され、それぞれの絵本のなかでテディの体験談として展開されています。原著の「まえがき」に、「幼い子どもの日々の世界体験と聖書の中心的なテーマや物語の間に橋をかける」ためにこの作

品は書かれたとありました。子どもの世界と聖書を結ぶ——まさにこの橋渡しこそ、わたしたちの仕事、聖書のお話を子どもに物語る作業なのだと思います。

　子どもたちの日々に起こっている笑っちゃうこと、泣きたいこと、イザコザやドキドキは、聖書の登場人物や神さまからのメッセージとつながっています。わたしのツラい気持ち、情けない気持ちに、誰ひとり気づいてくれないと思うときも、神さまはそれを知り、聖書を通してかならず語りかけてくださるのです。

子どもの深い問いと哀しみに

　シントラーは、聖書のお話を語る年齢について触れた箇所で、子どもたちは5歳くらいになると、生命の起源や死、自分の存在について、「驚くほど深い意味の問いを持つ」と述べています。そして、「それに答えるために、私たちは神をぬきにしてはどうしようもないのです」と言っています。

　子どもたちが4、5歳のころ、「おかあさんがしんじゃった」「おかあさん、おかあさんってよんでるのに、どんどんとおくにいっちゃう」といって夜、泣きながら起き出してくることがありました。また、もう少し年齢が上がりいろいろな経験をしてからは、「死んだら顔も焼かれるの？」「お母さんが死んだらどこで会えるの？　お墓？」と真剣に聞かれた

聖書のお話を子どもたちへ

ともありました。

　そんなとき、みなさんなら、どう答えるでしょう。子ども
は、おとなが思う以上に、子どもにしか感じとれない切なさ
や哀しみをたくさん抱えて生きているのだと思わされます。
わたしはそんな心底からの問いかけに、いつも、イエスさま
や神さまに登場してもらい、祈りや教会での礼拝を持ちだし
て答えていました。そうするしかなかった、「神をぬきにし
ては」とても語れなかったのです。

　怖いこと、わからないこと、生きづらいことがたくさんあ
る子どもたちの世界に、今も神さまの無限の愛と慈しみは、
たしかに注がれています。聖書のお話を通して、その希望を
しっかりと子どもたちに手渡していきたいですね。

7 どうしても！の良い知らせ

　わたしがキリスト教教育学科の学生だったころ、「教会教育実習」という授業があり、担当してくださったのは、宣教師のスー・アルトハウス先生（1955 年から 1993 年、日本各地でキリスト教教育の働きに携わる。著書に『教会の祭と行事の祝い方』）でした。

　先生は、わたしたち実習生が教会学校（CS）礼拝でお話をする日曜の朝になると、ビデオカメラと三脚を手に、さまざまな教派にわたる学生の実習教会の玄関に登場します。そうして撮った動画を、後日みんなで見ながら実習協議を行うという授業でした。ですから、当時（1980 年代）関西圏にあった CS 礼拝と聖書のお話を見聞きした数にかけて、先生の右に出る人はいなかっただろうと思います。

アルトハウス先生の問い

　そのアルトハウス先生が口癖のように言っておられたこと

を、大学報（「聖和大学報」第37号、1990年6月15日）に書かれたことがありました。冒頭にはとても微妙な一文。教会や幼稚園でわたしたちは「子どもたちに福音を宣べ伝えているように思います」と書いてあるのです。わたしたちおとなは、その「ように思っている」が、それって本当？と。

　先生が実際にたくさん耳にしたのは、「けんかをやめましょう」「となりの人に親切にしましょう」「（親や教師の）いうことをききましょう」「休まないでね！」「友だちを誘ってね！」だったようです。だとすると、子どもたちには、いったい何が伝わっているのでしょう——それが先生の最大の疑問でした。

　どんなに「福音」を宣べ伝えたつもりでいても、これでは子どもに伝わっているのは「律法」になっている、と先生は書いています。そして、「律法しか伝わってこないなら良き音ずれではなく、悪き音ずれです」と。多くのCSで一生懸命に語られている聖書のお話は、律法ではなく、何よりもまず福音を宣べ伝えるものであってほしい——それが、先生の強い願いだったと思います。

　そして、こう続きます。神がわたしを愛しておられるという良い知らせ（福音）を聞くことなしに、いくら律法を聞かされても、そんな、自分に関係ない神からの命令なんて「けしからん」と思うだけでしょう。十戒も、律法の前に、「わたしは主、あなたの神、あなたをエジプトの国、奴隷の家か

ら導き出した神である」（出エジプト記 20:2）と書かれている。つまり、今そこで聞いているイスラエルの人たちへの神の愛と恵みが、律法の前に宣言されているでしょう、と。

　学生時代のわたしは、アルトハウス先生の授業が苦手で、お世辞にも「良い学生」とは言えませんでした。けれども、卒業して教会で働くようになって、どれほど先生から大切なことを教えてもらっていたのかを、身にしみて知るようになります。その後、わたしは公私ともに先生にはたいへんお世話になるのですが、アルトハウス先生は、生意気な学生時代からずっと変わらず、いつも、日本のキリスト教教育に必要なことは何かを示し続けてくださいました。

　数十年経った今も、お話や説教を準備するとき、わたしはいつもこのアルトハウス先生の「律法か福音か」の問いを思い出します。「律法より福音を！」という先生の声は、聖書を語るときの何より大切な指針となりました。そうして準備したお話をいざ語る前には「どうか聞く子どもたち（人たち）に福音が届きますように」と、神さまにそれだけお願いして席を立つ、これがわたしの今も続くルーティンになっています。

どんな神さま？

レギーネ・シントラーは著書『子どもと祝うキリスト教の

祭り——希望への教育 2』のなかで「聖書のお話の選択」という項目を立て、子どもたちに語るにあたって選ぶべき聖書箇所について述べています。そこでシントラーが「聖書選択の基準となる観点」としていることは、「律法か福音か」と同じように、聖書のお話がどのようであるべきかの規準、いわばお話の評価ポイントとして読むことができます。

　それは、旧約、新約を問わず、「いつも積極的な神の像が促(うなが)されること」と表現されています。その聖書の話は、積極的な神さまの姿を子どもたちに伝えているかどうかを基準点にするとよいということです。でも、積極的な神って、いったいどんな神さまなのでしょう。

　それは、失敗をくりかえす人に対してでも「無限の憐(あわ)れみ」を示し、受け入れてくださる神さまであり、約束を必ず成就(じょうじゅ)してくださる神さまであり、その神さまのあり方を真似(ね)して生きたいと子どもたちが願うような神さまだと書かれています。どんなときにも見捨てず愛を注ぎ、子どもたちの信頼にこたえ、目標（模範(もはん)）となってくださる神さまということでしょう。そんな神さまのお話なら、わたしたちも何度でも聞きたいですよね。

　けれども、聖書には、他にもいろいろな顔を持った神さまが描かれています。正義を行い裁(さば)く神さま、悪に対して力を振るう神さま、怒(いか)る神さまなど。シントラーは、もちろんそれを承知の上で、だからこそ子どもたちに語るには、聖書の

慎重な選びが必要であり、実は、聖書のなかで子どもに「物語ることができるお話は比較的わずか」だと述べています。

　そして、子どもの年齢に応じて選べる聖書の範囲は広がっていくが、自分は、とくに幼い子どもには、「放蕩息子」や「迷い出た羊」のたとえ話を何度もくりかえして語ると言っています。子どもたちが慕う、積極的な恵みの神さまだけを語っていこうという強い思いを感じます。

　わたしたちが語る聖書のお話は、どんな神さまを示しているでしょうか。子どもたちを怯えさせ、叱りつけて監視する「こわい神さま」ではなく、小さい人たちにどこまでも「やさしい神さま」を伝えていきたいですね。

神さまが語りたいことは？

　わたしが勤める短大では、卒業式前日に卒業生が感話やお祈りを担当して、卒業感謝礼拝をまもります。2020年度の礼拝で、わたしは、ある学生が授業で5歳児向けに書いた「徴税人ザアカイ」のお話をしてもらいました。

　そのお話には、ゲーム機を買ってしまって払えるお金がないと懇願するエリコの町の人に、「うるさい！　じゃあそのSwitchをもらっていくぞ！」なんて言っちゃうザアカイさんが出てきます。

　そこにイエスさまがやってきて、その後はみなさんよくご

存じの、木に登ったザアカイとイエスさまが出会い、回心す
るお話です。

　とくに何かが違う話ではありませんでした。けれども、授
業でそれを聞いたとき、わたしは、また聞きたいお話だなぁ
と思いました。そして、短大での最後の1年間をコロナ禍
に翻弄されて卒業していく学生たちに、ぜひ聞いてほしいと
思ったのでした。

　そのお話のなかで、「なんでザアカイのとこなんかに？」
と憤る人びとに向かって、イエスさまはきっぱりと言います。
「ザアカイもあなたたちもみんな、神さまから愛されている
のです。愛されていない人は、いません」。そして、イエス
さまの最後の言葉はザアカイに向けられます。「ザアカイ、
あなたも神さまに愛されている人なんですよ。……わたしは、
神さまから愛されていることを忘れてしまった人たちを探し
て、助けるためにやって来たのです」。

　そこで物語は終わるのですが、そのお話には1行空けて、
もうひとこと「みんなのところにも来たんですよ」と書いて
ありました。

　書き手の学生は、お話を聞いている5歳の子どもたちに、
イエスさまのこの気持ちをどうしても伝えたかったのだと思
います。そして、神さまもきっと、聖書に記したイエスさま
とザアカイの物語によって、「あなたのことを愛している
よ」「あなたのところにも来ているんだよ」と言っておられ

るのではないでしょうか。

　聖書のお話を子どもたちに語る、それは、神さまが伝えた
い良い知らせを、まずわたしたちが見つけるところからはじ
まるのかもしれません。

8　説明の問題、説明が問題

「説明」は大事だけれど

　先日、神学部の授業で戦前の日本の日曜学校運動について話していたときのことです。「1912年の野外日曜学校生徒大会で『神は愛なり』のアドバルーンを揚げてね」と口にして、ふと気になり「アドバルーンってわかる？」と聞きました。昭和世代（と思われる）の受講生1名をのぞき、みんな首を横に振っています。

　1万人もの生徒を集めて気勢をあげていた100年前の日曜学校の盛りあがりを、デパートの屋上のアドバルーンなんて見たこともない人に、それを持ち出して説明しても伝わらないですよね。日ごろから、学生との年齢ギャップを自覚してはいるものの、「そうか、アドバルーン知らないんだ」と、あらためて思わされた一コマでした。

　なじみのない昔のことを今、伝えるために説明はどうしても必要です。知らない人には、知っている人が説明しなけれ

ばわかってもらえません。

　でも、たとえよく知っていることでも、それを知らない人に説明するのはとてもむずかしい。まして、何千年も前に書かれた聖書の世界観や物語の時代背景をわたしたちは知りません。神学者でも聖書の研究者でもないわたしたちが、現代人、それも世代のかけ離れた子どもたちに、わかってもらうには、どう説明したらいいのでしょうか。

お話でくるまれた説明

　レギーネ・シントラーは、「説明」という項目のなかで、「物語るに先立って、語り手が聖書テキストと取り組むこと」が大切だと語り、何をどのように説明するかをじっくり考えるようにと勧めています。それは、子どもたちがお話の展開から迷子になってしまわないように、担当する聖書箇所をくりかえし読んで、わかりづらい概念や言葉がないかを探し出し、その意味や背景を語り手が事前に理解しておくということでしょう。

　ただ、せっかく調べたことだからと、それをながながと披露したり、いわゆる教師口調で得意になって解説するのはタブーです。電化製品の取扱説明書が、どんなに重要で正確な知識を詰め込んだものでも、読み物としてはまったくおもしろくないのと同じですね。説明は、ないとわからないけれど、

しすぎるとつまらない……さぁ、どう料理できるでしょう。

　シントラーは、説明を物語のなかに、うまく織り込んではどうかと提案しています。お話のすじのなかに、登場人物の会話のなかに、さりげなく必要な説明を入れていくというやり方です。あくまでも、物語の流れを止めないように、また、聞き手がお話の世界を想像する空間を壊さないようにすることが大切です。

　そのような、「包み込まれた」説明のお手本を、ひとつご紹介しましょう。

水野先生のエサウとヤコブ

　青山学院大学で、また晩年は聖和大学でもキリスト教教育・保育を教えられ、自らもキリスト教教育主事として歩まれた水野 誠先生が、幼稚園の礼拝で語った聖話集（『おはなしのおくら──実録幼稚園の礼拝』46～52ページ）のなかに、創世記に記されたエサウとヤコブのお話があります。

　先生は、そのお話でこんなふうに兄弟を語っています。

　「……双子なのにねぇ、2人はちっとも似てなかったんだよ。エサウは、だんだん大きくなってきたら、もう力が強くてねぇ、乱暴なの。ガチャン、ガチャン、ガチャン。バタン、バタン、バタン。いつもいつも大きな音たててあばれていましたよ……」

　そんな兄弟を見て、父イサクの家で働く人たちは、こんなうわさ話をします。「誰が次のご主人になると思う？」「そうだなぁ、やっぱりお兄さんはエサウさんだから、エサウさんだろうなぁ」「おい、エサウさんがご主人になったら、乱暴だから俺たち困るな」「ヤコブさんのほうがやさしいけど、でも弟だからなぁ」。

　この聖書箇所には、幼児にどう説明したらいいの？と思われることが続出しています。長子の特権、家父長制のなかでの神の祝福の委譲と横どり、家族のだましあい、兄弟が殺意をいだくほど憎しみあう……といった具合です。聖書の舞台である古代社会は、はるかに遠い昔のこと。聖書のお話には、聞く子どもたちにとって理解しがたい状況やむずかしすぎる概念がたくさん含まれているのです。

　ヤコブ＝イスラエルが受け継ぐ神さまの祝福と守りについて語りたいのに、わからない言葉を全部解説していたら、説明だらけになって結局伝わらないだろうと思います。水野先生はそれを、誰がその家のご主人になるかというストーリーに仕立て、子どもが理解してついてこられる楽しいお話にしています。そして、使用人や登場人物の会話のなかに、兄弟の性格や思い、そこで起こった出来事の意味をみごとに織り込んで説明しているのです。

省きの技術

　水野先生の説明の仕方で、わたしがもうひとつ、いつも感心するのは、ことがらの省きかた、先生の省くセンスです。お話の中心、伝えたいメッセージを浮きあがらせるために、必要最小限の情報を選びとる技術とも言えるかもしれません。

　この双子のお話には、父イサクが兄エサウを、母リベカが弟ヤコブを溺愛するという親の偏愛が語られています。そのような親子、家族の人間関係は、子どもたちにとってとても身近で、深刻で敏感な自分の悩みに結びついています。先生は、それら親のえこひいきや愛情の偏りにはいっさい触れず、「エサウは乱暴だから、きっとみんなも困るな」とお母さんのリベカに語らせています。

　そもそもおとなを読者として書かれている聖書の記事には、たとえば少年ダビデがゴリアトの首を切り落とし、持ち帰る（サムエル記上 17:51, 54）といった残虐な描写も含まれています。子どもを不必要に怖がらせたり、戸惑わせることがないように、あえて省くことは、とても大切な技ではないでしょうか。

「おしまい」はどこに？

　ところで、この水野先生のお話のタイトルは何だと思いま

すか？

　なんと「仲直りした兄弟」です。祝福をだまし取ったヤコブが逃亡し、伯父ラバンのもとで長年過ごして故郷へ帰り、エサウと和解するまでが描かれています。先生は、兄弟の確執と不和をそのままにしないで、このお話は仲直りするところまでを一話にするほうがよいと思われたのでしょう。

　エンディングで先生は、「ヤコブさんはもう本当にホッとしたんですって。ああやっぱり神さまは守ってくださった」とヤコブの気持ちを子どもたちに語っています。そして、祝福をさずける祈りのなかで父イサクが神さまに約束したとおり、最終的にはヤコブがその家のご主人になったけれど、エサウの家族も、つまり両方の家族がみんな立派になりましたとしめくくっています。

　お話は、「おしまい」までで完結し、子どもたちに手渡されます。お話の終わりにもたらされるものが、悲しみや辛さ、心配ではなく、神さまの慈しみに包まれる「あーよかった」でありますように。

9 「応用」の誘惑を越えて

あつかましい付け足し

前章で「説明」の問題をとりあげましたが、本章はいよ
いよ、お話のしめくくりになされる「応用（適用）」という大
問題についてです。みなさんは、聖書のお話を子どもたちに
語るとき、お話の終わりをどうしておられますか？

レギーネ・シントラーは、子ども向けの聖書物語には、
「本来の物語のあとに、『物語についての道徳』が、白黒を際
立たせて描くというやり方であつかましくも語られ」ている
と、応用について述べています。お話の終わりのまとめとし
て、「だからみなさん、○○しましょうね」と語られるフレー
ズのことです。

CS礼拝では頻繁に耳にし、よく使っているように思いま
す。シントラーは、このような「わざわざ付け加えられる
『応用』や『物語からの道徳』はよけいなもの、むしろ邪魔
なもの」とまで書いています。ドキッとしますね。

聖書のお話は勧善懲悪？

　ずいぶん前のことです。自分の教会で CS 教師をしていた
ある学生が、授業で小学生向きの放蕩息子（ルカ 15 章）の
お話を書いてくれました。お父さんの財産を使いはたし、お
なかをすかせた弟息子の前で、「ムシャムシャムシャ。おい
しいだブー！」と豆を食べる豚さんが登場する楽しいお話で
す。そのエンディングではお父さんが走ってきて、ぎゅーっ
と弟を抱きしめ……「家族は仲よく幸せに暮らしましたと
さ」でお話は終わります。そしてその後に、こんな段落が付
いていました。

　「もしねぇ私たちが悪いことをしてしまっても、『神さま、
悪いことをしてしまってごめんなさい』ってお祈りをしたら、
神さまはお父さんのように私たちをゆるしてくれるんだよ。
はい！　今日のお話はこれでおしまい」

　あれあれ？　このお話は、神さまにごめんなさいってお祈
りしたら、神さまはゆるしてくれる話だったかな？　たしか
に弟息子は、神さまにもお父さんにも謝ろうと思って、家に
帰っていきます。けれどもお父さんは、そんな「ごめんなさ
い」よりも前に、ゆるすもゆるさないもなく、ぎゅーっと抱
きしめているのです。

　お話を善悪で色分けし、なすべき教訓にまとめてしまうと、

それは、単なる道徳のお話になってしまいます。悪役とヒーローがはっきりした勧善懲悪のストーリーは明快で子どもにもわかりやすいですが、はたしてそれは聖書がほんとうに語っていることでしょうか。

　聖書からの応用を付け足した先ほどの例では、本来、放蕩息子のたとえがあざやかに映し出す「信じられないほどやさしいお父さん」の姿は、聞き手にどう届くでしょう。せっかく浮かびあがったその姿は、最後の段落を聞くことによって小さくなっていき、ぼんやりと見えにくくなるのではないでしょうか。だとすると、それはとても残念なことです。

まったく気づいてない子羊の話

　ルカ福音書の15章には、放蕩息子のほかにも「見失った羊」と「無くした銀貨」という、あったのになくなってしまったものを捜し出す人のお話が、イエスさまによって語られています。とくに100匹の羊の話は超有名ですよね。

　わたしも数えきれないほどこの話を聞き、語ってきました。迷子になった小さい羊が崖の下で動けなくなっていたり、ケガをして泣いていたり……そこへ羊飼いさんがやってきて、子羊は大喜びというお話です。

　そんな定番のお話のなかで、もう10年以上も昔のことなのに、今も忘れられない羊のお話があります。

　そのお話には、やさしく物静かな羊飼いの青年が出てきます。

　牧歌的でおだやかな牧場に夕陽が沈むころ、そろそろ帰ろうかと羊たちの数を数えた青年は、1匹いないことに気づきます。いちばん小さいあの子だ。あの子はチョウチョが大好きだから、チョウを追いかけて花畑の方へ行ってしまったかな？　青年が花畑に向かってみると、そこにはまだ無心にチョウチョと遊んでとびはねている子羊がいました。名前を呼ぶと、羊飼いを見てうれしそうに駆け寄ってきます。青年は、子羊をそっと抱いて群れに戻り、みんなはいっしょに夕暮れの道を帰っていくのでした——というお話です。

　衝撃だったのは、このお話の子羊が、自分が道に迷ったとも思わず、何も困っていないことでした。そんな解釈は聞いたことも、したこともありません。それなのにこのお話の安らかな余韻は、わたしの心にずっと残りました。

　そのお話から浮かびあがってくるのは、見当たらない1匹の子羊の存在に気づき、捜し、見つけ出して、あたりまえのように腕に抱いて、いつもの道を帰ってくださる神さまの姿だったのです。神さまの包み込むような愛と、日々の暮らしをそっと見守ってくださるまなざしが、灯のように心をあたためてくれました。

問い続けるということ

　未信者の学生が書いてくれたこのお話を聞いたときから、このたとえは今までとは少し違う読み方を、わたしに問いかけるお話になりました。もしかしたら神さまは、わたしが迷っていること、誤った道を歩んでいることに自分で気づいていないときでさえ、わたしを見ていてくださるのかな。聖書を訪ね、問うようになったのです。

　わたしたちは、長年親しんだ聖書箇所ほど、これはこういうお話だと決めつけてしまいがちです。なかなかそこから抜けられません。けれどもシントラーは、聖書の物語は、「神への問いに対する一つの答えだけを語るものではない」とし、物語の核心や答えになるものを、子どもたちと共にくりかえし問い続け、思案することこそ大切なのだと述べています。

　語るのは物語のおしまいまでにして、あとはオープンエンドでいいのです。答えを決めつけなくていいのです。聖書の豊かさをひとつの道徳に固定し、ひとくくりに結論づけてしまう誘惑から解放されたい……。子どもたちと共に、福音のいろんな音色に耳をかたむけ、訪い続けていきたいものです。

オープンエンドのあとは

　先日ある研修会で、この「応用」について話をしたときの

こと。研修後の質問タイムで「道徳でまとめないほうがいい
のはわかっているんですけれど、じゃあ、どうやって終わっ
たらいいですか？」と聞かれました。ほんとうにそうですね。
何か言わないと締まらない感じできまりが悪くて、ついまと
めてしまうわたしたち。

　その誘惑に打ち勝つ秘策はありませんが、わたしがしてい
ることの紹介として、「祈りに託してはどうでしょうか」と
お答えしました。先述の放蕩息子のお話であれば、「……家
族は幸せに暮らしました」のあとすぐ「お祈りしましょう」
と呼びかけ、「神さま、あなたは、どんなときもわたしたち
を愛してくださいます。感謝します。どうか、いつもそばに
いてください。アーメン」という感じです。

　聖書の物語は、聞く人たちにかならず働いてくださいます。
あとは、わたしたちの言葉を用い、導いてくださる聖霊にお
まかせして、恵みの余韻や問いが、そして答えが子どもたち
のなかにゆっくり開いていくことを待ち望みましょう。

10　絵と物語の深ーい関係

絵を見せる？　見せない？

　子どもたちに聖書のお話をするとき、絵本や絵を見せながら話をする方もおられると思います。以前関わっていた CS には、毎回スケッチブックに自分でイラストを描いてお話に合わせながら紙芝居のように見せてくれるスタッフがいて、いつも楽しみにしていました。子どもたちも、夢中になって見ますよね。

　目に見えるものはインパクトがあり、一瞬でたくさんのことを伝えてくれます。「百聞は一見に如かず」です。だとすると、絵を使ったほうがいいのでしょうか。

　レギーネ・シントラーは、視覚的な教材について、こんな質問をしています。聖書を子どもに物語るとき絵や図は「私たちを助けるものでしょうか。あるいは、むしろ損なうものでしょうか」。そう、それが聞きたい！　ところがその答えは、「この問いには、明白に答えることはできません」です。

イエスかノーでは答えられない、つまり、視覚教材には、長所と短所、お話を助ける絶大な効果とダメにする可能性の両面があるというのです。

絵はお話を深めてくれる

シントラーは、絵はわたしたちの「感情に直接語りかける」もので、「物語を深めます」と述べています。絵は、言葉では語れないことを伝えてくれます。絵を見ながらお話を聞くことによって、子どもたちはその世界にスッと入り込み、物語を深く理解することができます。

特に、文字が読めない小さい子どもにとって、絵はとても大切です。絵本を読むとき、おとなは、つい字を読んでしまいますが、子どもは絵を読んでいることに感心します。描かれた表情やようす、色調から、さみしそう、だいじょうぶかな、わぁい！うれしい、などさまざまな思いまで感じとっているのです。

子どもがお気に入りの絵本を何度もくりかえして読むように、聖書物語の絵本もくりかえして読むことができます。それは、少し大きな子どもにとっても有効で、お話に絵や図、写真がついていると、お話を聞いた後も、それを見ながらさらに話しあったり、学んだり、意味を深めることができると考えられます。

　わたしたちにはなじみがない古代イスラエルの風景、街並みやお家のようす、羊飼いや漁師、祭司の格好（かっこう）や持ち物など、聖書の世界を瞬時に見せてくれるという点でも魅力的です。8章で取りあげた、お話のなかでの「説明」をずいぶん省くことができますよね。いいことずくめな感じです。

聖画の伝統

　そこで、キリスト教教育・保育の場では、視覚教材や目に見えるシンボルをたくさん使ってきました。とくに現在の教会教育のルーツである戦前の日曜学校では、そもそも、子どもへの聖書のお話は、聖書の画（え）、聖画（せいが）を見せることとセットでなされていたのです。

　日曜学校で何を教えるかを記した初めの教科書は、米国でつくられ、世界各地で翻訳された「国際統一教案 (International Uniform Lesson, 万国日曜学課)」という教案誌です（名前が長いので IUL と呼んでおきます）。この IUL には毎週の聖書箇所にあわせて、次ページの写真のようなお話用の聖画が付けられていました。

　子どももおとなも、見たことも聞いたこともない海の向こうの景色や聖書の世界を、その聖画によって目から知り、学んでいったのでしょう。でも、これらは明らかに異国風でしたから、キリスト教も聖書も、「外国もの」として認知され

〈IUL 付録の聖画〉

聖和短期大学キリスト教教育・保育研究センターには 1890 年代からの聖画が掛け軸に表装され 1000 本以上残されている。

和歌山県南部（みなべ）の海辺で、聖画を見ながらお話を聞く子どもたち。

着物姿の子どもたちが座る神戸教会日曜学校。校舎の壁（左端）に IUL 聖画が掛けられている。

写真提供：聖和短期大学キリスト教教育・保育研究センター

たのだろうなぁと思います。

わたしのイエス像

　わたしは、キリスト教教育で用いる視覚教材についての授業や研修会で、「わたしのイエス像」という体験学習をすることがあります。まず、イエスさまの顔が描かれた10枚の画を見せ、それぞれについて作者や時代、タイトルなどを短く説明します。次に、並べた10枚をじっくり見て、そのなかから自分にとってのイエスさまを1枚選んでもらい、それを発表しあうというものです。

　10枚には、3世紀ごろのカタコンベ（地下墓所）の壁画や、東方教会のイコンに描かれた少し厳めしいイエスさま、レンブラントやルオー、エル・グレコなど著名な画家の作品、そして5歳の女の子が描いたものまで、さまざまなものを取り揃えます。するとそれを「わたしのイエスさま」にした理由も、さまざまなものが出てきます。「視線に強い意思を感じる」とか、「泣いているみたいな表情がやさしい」とか、「これは絶対わたしのことを見つめているから！」など、たとえ同じ画を選んだとしても、それぞれ理由や意味は異なります。

　ところが、そのなかの1枚、ホフマンの「33歳のキリスト」では、少し妙な現象が起こるのです。濃い赤の服を着て

右肩に深いグリーンの肩掛けをしたホフマンのイエスさまは、10枚のなかで「あ、知ってる」という人がいちばん多い、日本でかなりポピュラーなイエス像です。ただ、それを選ぶ人たちの理由はほぼいっしょで、家や教会、園に掛かっていて子どものころから見ていたので、イエスさまといえば、どうしたってこれになるというのです。

「サザエさん」と言われれば、即あのヘアスタイルのあの姿が思い浮かび、それ以外のものは、絶対に「サザエさん」にはなりませんよね。画とセットでインプットされると、その2つは切り離せなくなってしまうわけです。

浮かんでは消える思いやイメージを留めておくのに、絵は、強い力を発揮します。でもそれは逆に言うと、1枚の絵であっても、常にそれを見せていると強い印象付けがなされ、イメージの固定化につながってしまうということなのです。

そこで、絵を用いるときは、いろいろな種類を交代で使うことを心がけましょう。

また、シントラーは、あまり頻繁に多くの絵や図を見せてしまうと、子どもが自分で考え、頭に描く余地をうばってしまうと語っています。言葉を熟考し、想像力を働かせなくても、なんでも動画が簡単に教えてくれる時代です。だからこそ、聖書の物語はあえて絵を見せずに、じっくり聴いてもらう——それも、今日的に、とても意味あることだと思います。

─── コラム ───

レギーネ・シントラー

　本書第Ⅰ部の聖書のお話理論編のガイド役になってもらったのは、レギーネ・シントラー（1935–2013）です。ベルリン生まれのスイスのキリスト教教育家、5人の子どもたちのお母さんで、聖書物語を含む、子ども向けのお話を書く児童文学者でもありました。

　日本語で読むことができる彼女の著作、『希望への教育──子どもとキリスト教』『子どもと祝うキリスト教の祭り──希望への教育2』、その全面改訂版『希望の教育へ──子どもと共にいる神』には、子どものスピリチュアリティと宗教教育についての深い洞察があふれています。

　本書では、『子どもと祝うキリスト教の祭り──希望への教育2』の第5章のみを取りあげています

が、シントラーは生涯を通じた著作のなかで、①子
どもの生活における神のイメージの大切さ、②祈り
の重要性、③希望の意味をくりかえし述べています。
また 2006 年の全面改訂版では、多文化多宗教の
人々と共に暮らし、価値観が揺らぐ、不安に満ちた
現代社会において、「1 つの宗教に根を下ろすこと」
の意味が正面からとりあげられています。

　シントラーの著作は、今こそ日本の状況のなかで、
じっくりと読まれるべきです。そこには、くりかえ
して考えるべき子どものスピリチュアリティに関わ
る課題が記されていると感じます。残念ながら、日
本語で読める現代キリスト教教育理論や思想の本は、
あまり多くありません。そのなかでシントラーは、
この分野における深く誠実な思索をわたしたちに遺
してくれているのです。
　また、個人的には、子どもたちと夜寝る前に、そ
して学生たちと学校礼拝で読んだ彼女の『聖書物
語』は忘れられない、わたしの大切な宝物です。シ
ントラーのつくった聖書のお話、ぜひ、子どもたち、
若い人たちと味わってみてください。

II

聖書のお話、
つくろう・語ろう

11　お話づくり実際編

　ここまでの第Ⅰ部では、今までとくに習ったり、理論的に
考えたりすることなしに語ってきた子どもたちへの聖書のお
話を、レギーネ・シントラーが著作であげた項目にそって、
とりだして見てきました。ふだんから何気なくしていたこと、
思っていたことだったという人も多いと思います。それでも、
こうして改めて文章にして読むことで、それぞれの理解を深
めることになればうれしいです。子どもたちに聖書のお話を
語るときに気をつけたいことが確認でき、また、聖書を子ど
もたちに物語ることの大切さが実感されてきたら……聖書の
お話、つくりたくなってきましたよね。

　そんなあなたに、ここからは第Ⅱ部、お話づくりの実際＆
実践編です。本章では、まず、お話をつくるとなったときに
踏むべき具体的な４つの手順と、実際にお話を書く段階で
ヒントとなる５つの型について述べていきましょう。

A　お話づくりの4ステップ

　お話づくりの実際をマニュアルにしようと考えて、まず思いうかんだのは、わたしがそれを習った学生時代の授業プリント「聖書のお話　書き換えの手順」です。そこには、どういう順番でお話づくりに取りかかるべきかが、4つのステップで書かれていて、思い返すと、わたし自身がその手順をその後もずっと意識してきたことに気づきます。それは、何年たっても変わらない、聖書を子ども向けの物語に書き換えるやり方と心構えを示していると思いますので、この手順、〈step 1〉から〈step 4〉を見ていきましょう。

〈step 1〉　物語る場を設定する

　聖書のお話の担当にあたったら、わたしたちはふつう、すぐに聖書の箇所をチェックしますよね。それでほっとしたり、「え、むずかしそう」と思ったり。ところが、その古いプリントに書かれている手順は、1として「場の設定」となっています。これは、いったいどういうこと？

　あなたが聖書を物語るのは、いつ、どんな場所ですか。そこにいる相手・聞き手はどんな子どもたちかな。お話をするときは、それらをあらためて意識するところからはじめまし

ょうということのようです。

　キャンプでの野外早天礼拝なのか、教会堂での CS 礼拝なのかによって、もちろんお話はちがってきます。「いつもの礼拝のお話」だとしても、あなたの CS は今どんな状況で、やって来る子どもたちの顔ぶれはどうでしょう。まだお友だちができなくて心配顔の小さい人たちが多い春なのか、元気なギャングエイジの夏休み明けなのか、学校から紹介されてきて、黙って座っている中学生に向かってなのか……。

　もちろん予想できないことはたくさんありますが、自分が語る場面と目の前にいるだろう子どもたちを頭に浮かべることが、ファースト step なのだというのです。語り手が物語る場を意識し、どのような空間をつくり出したいと願うかによって、お話は、聞いている人に届く言葉、長さ、内容を自ずと持つことになります。あなたは、そして教会や園、学校は、その 1 回限りの礼拝をどのような場所として備え、設定したいと願っているでしょうか。

　みなさんにそう言う、わたしはどうだろう？　ふだん「学校礼拝」でお話することになったら、すぐに、〇月〇日は〇〇礼拝だから、このテーマで、聖書箇所はここにして……と考えて、お話づくりに入っているなぁと反省します。

　手順の 1 が、あえてお話をする場を「設定する」「想定（イメージ）する」とされているのは、その「場」こそ、聖書を子どもたちに語る機会（チャンス）だということを、わたした

ちに思い出させるためかもしれません。かけがえない、その
お話の時間に福音を手渡すために、そこに集う人（聞き手）
を思い、想像力と愛をはたらかせて、その人たちの状況やニ
ーズを考えてみるところからお話づくりははじまるのです。

〈step 2〉　テキスト（聖書箇所）を読む

　場を設定できたら、いよいよお話づくりに取りかかります。
その基本は、「とにかく聖書を読みましょう」です。何度も
くりかえして、お話しする聖書箇所（テキストと呼びます）
を読みます。その際、すぐに他の人がそこからつくったお話
を読んでしまわないこと。誰かがつくったお話を読んでしま
うと、それが先入観や固定観念になってしまう危険があるか
らです。語り手であるわたし自身が、聖書から、物語のポイ
ントやメッセージをつかむまで読み込む、それが何より大事
なのです。

　「聖書に聴く」という表現がありますが、まさにそれ、聖
書を語ろうと思ったら、聖書に聴くしかありません。「あな
たの言葉が開かれると光が射し　無知な者にも悟りを与えま
す」（詩編 119:130、聖書協会共同訳）と言われているとおり、
聖書はそれを読む人に向かって、光を射しだしてくれるもの。
聖書自らがわたしたちに、大切なこと、真実や知恵を必ずわ
からせてくれるよというのです。

　ですから、まずは聖書だけを自分でくりかえし読んでみよう‼ というわけですが、これが、したくても案外むずかしい。とくに、読んでみてもピンとこない箇所だった日には、くりかえし読むって言ったって……と泣きそうになります。

　そんなときの突破口（とっぱこう）は、「他（ほか）の訳で読んでみる」こと。たとえば同じ英語の話でも、通訳する人が異なれば理解できることが変わるように、別な言葉づかいや表現で読むと、何か見えてくるものです。3章で紹介した山浦玄嗣訳のように、なるほどと、しっくりくることもあるはずです。わたしたちが読んでいる聖書は、原文の日本語訳、つまり翻訳ものだということを活（い）かして、いろんな訳で読んでみましょう。

　とは言っても、ふつう My 聖書以外に何冊も聖書を持つ人はいないでしょうから、教会の図書や、CS スタッフルーム、園の職員室の本棚などに、数冊でも別な翻訳の聖書を備え付けられるといいですね。できれば、ジャンルの違うものを選びます。

　1つ目のジャンルは「リビングバイブル」や「聖書 現代訳」のように、説明が本文に組み込まれていて、聖書初心者も読んだだけでわかるタイプのもの。2つ目は、ユニークな個人訳の聖書を、旧・新約別で探してみてください（ちなみに、新約のわたしのお気に入りは、だんぜん柳生直行♡訳です）。これに、スタンダードの My 聖書（わたしなら新共同訳）があれば、趣（おもむき）の違う3種類を読み比べることができますので、

お話づくりの「聖書テキストを読む」をクリアしやすいのではないかと思います（教会に「口語訳」や「新改訳」「新改訳2017」などがあれば、それらも加えておきましょう）。

　また、上級編になりますが、テキストが福音書で、他の福音書に並行記事がある場合や、テキストに旧約聖書からの引用箇所があるときは、その箇所も併せて読んでみましょう。

　最後にもうひとこと……。実は、今年（2023年度）から、『聖書　聖書協会共同訳』を、勤務する短期大学で使いはじめました。新しい訳で聖書を朗読するだけで、たびたびハッとさせられます。新しい光が射しこむのです。手はじめに、新共同訳と聖書協会共同訳を2冊、手元において読み比べてみませんか。それだけでも、いろんな気づきがきっとあるはず。そして、だんだん、別の訳はどうなっているかな、あの人はここをどう訳した？と気になりだして、いつしかあなたも、立派な聖書コレクター（翻訳聖書マニア？）になっているかもしれません。大好きな〇〇先生の個人訳、ぜひ、見つけてください。

　　※聖書の成り立ちや、最新の動向も含めた日本語の翻訳聖書について、もっと詳しく知りたいという方には、前川裕著『今さら聞けない!?　キリスト教 Ⅵ　古典としての新約聖書編』の第9章、第10章をお薦めします。わたしも、今さら聞けなかったことをたくさん教えてもらいました。

〈step 3〉 テキストを調べる

　次のステップは、テキスト調べです——と書きましたが、お話づくりの中心は、なんといってもこの前の〈step 2〉です。語り手がその聖書箇所を読むこと以上に大切なことはありません。テキストを読んで、子どもたちに語りたいと思うメッセージを聴きとることができれば、〈step 3〉は飛ばしてもOK。お話は書けるはずです。聖書研究やテキスト調べなんて無理！と思ったあなた、このステップは余力があれば、のオプションだと考えてくださいね。

　また、聖書のお話の初心者の多くは、キリスト教教育・保育関連の教案誌を使っていることが多いと思います。その場合、礼拝でのお話案の前に、その日の聖書箇所の解説がついていますよね。たとえば『教師の友』誌では、その日の聖書研究が書かれた「聖書に耳をすまそう」という欄があります。これを読みましょう。それが立派なテキスト調べとなります。

　ただし、わたしのわからないことや知りたいことが、教案誌の解説に載っているとはかぎりません。また、ちょっとコワいケースですが、聖書箇所とテーマだけ決まっていて、「あとはお話、考えてね」と丸投げされることもあるとか、ないとか……。8章の「説明」で述べたように、遠い昔に書かれた聖書を今の子どもたちに語るには、調べないとわから

ないことがあるかもしれません。そこで、念のため、自力で
やってみるテキスト調べについて、あの古いプリントを参考
にして、3つの調べ方を記しておきます。

①聖書事典、聖書地図・図解などでテキストの時代背景、社
　会状況、習慣などを調べる
②聖書語句辞典、神学事典、日本語対訳聖書などで言葉の意
　味を調べる
③注解（註解）・略解書、講解書などでテキストの意味や内
　容を総合的に理解する

　シンプルに、地名や固有名詞などがわからないときは①、
事典で調べたり、絵や写真、地図を見てみます。ちょうど、
インターネットで単語の意味をパッと検索する感じです。た
だ、もう少し深く、そのテキストの意味や解釈の仕方を誰か
に説明してもらいたいときは、③を試してみましょう。たと
えば、テキストが創世記であれば、書名に「創世記注解」
「創世記講解」や「旧約聖書略解」などと書いてある本の該
当箇所を読んでみる――というものです。これらは、その箇
所について詳しく、総合的に説明してくれる、いわゆる解説
本になっています。それを使うときは、できれば誰かひとり
の解釈ではなく、ふたり以上の説明を読む（2冊以上当たっ
てみる）ようにしてください。

　テキスト調べの参考書については、その道の専門家、牧師先生に基本図書を教えてもらう、備えてもらう、または貸してもらいましょう。

　ここからはオマケで、ひとつ飛ばした②について……。実は、わたしは聖書のお話、とくに説教をつくるとき、テキスト研究として必ずするのが、この②です。聖書の原典（オリジナルの言語）では、この語句はどのような言葉で書かれていて、どんな意味（原意）をもつのかを調べます。

　旧約ならヘブライ語、新約ならギリシア語ですから、ちょっとそこまではさすがに……と思われると思いますが、今は日本語で原語にたどりつけるツール（Interlinear ＝インターリニヤー）がありますので、それだけ紹介しておきますね。新約聖書では、教文館発行の「日本語対訳ギリシア語新約聖書」のシリーズ。旧約は、ミルトス・ヘブライ文化研究所から発刊され続け、既刊のオンデマンドも出ている「ヘブライ語聖書対訳シリーズ」です。

　機会があれば、のぞいてみてください。ギリシア語やヘブライ語をまったく読めなくても、行間に日本語があるのでだいじょうぶ。なるほど、なるほど……と、眺めているだけでおもしろいですよ。原語の文字が少し読めれば、合わせてギリシア語、ヘブライ語の辞典で、気になる言葉を引いてみましょう。聖書の世界がめちゃくちゃ広がります。

　ともあれ〈step 3〉の重要なところは、語る聖書箇所の内

容や意味をクリアにし、自分なりに理解することです。それ
ができたらお話づくりの準備は完了。そこで……

〈step 4〉　物語を創作する

　さぁ、書いてみましょう、ということになり、プリントの
手順もこれで終わりです。おそらくみなさんの多くは、これ
までの説明と手順で、その場に合った聖書のお話を自分で書
くことができるはずです。そこで、ここまで授業で学んでき
た学生にも「じゃあ○日までに書いてもってきてね」と言う
のですが、とたんにざわめき「何字（何分）くらいですか」
と必ず誰かが尋ねます。「それは対象によるし、あなたがつ
くるお話によるねぇ。数分のお話かもしれないし、もっと長
いかも……」というのがわたしの答えです。

　急に自分で書けと言われるとドギマギするし、課題となる
とすぐに「何文字？」と聞いてしまうものですが、聖書のお
話については、それ、いったんおきましょう。聞き手（対
象）をはっきり意識したら、とにかく聖書箇所を読んで、ど
んなお話にしようかな、と考えてみてください。そしてスト
ーリー（構想）が思い浮かんだら、さっそく書き出します。
つまり〈step 4〉まできたら、思いきって創作モードに自分
を入れてしまうこと、ですね。

　時間をかけてほしいのは、書いてからの見直しと手入れ

（推敲）です。第Ⅰ部の項目を思い出しながら、自分のお話を文字で、また、声に出して読み直し修正します。導入がもたもたしていないかな、長文はないかな、この言葉わかる？……とブラッシュアップしたら、できあがり！です。

　できるときはできるだけこの手順にそってやってみると、ステキなお話が生まれるはずです。でも、たしかにこれが正攻法ですが、子どもへの聖書のお話の語り手は、それだけを専門にしている人などいないもの。忙しい日常生活のなかで当たってしまった？お話に、ここまでの準備ができないことのほうが多いかもしれません。

　そんなときの強い味方（奥の手）が、教案誌の説教例、礼拝お話集、絵本聖書や聖書物語、紙芝居などです。手順をふんでオリジナルのお話がつくれないときは、誰かが心をこめて、子どものために書いてくれた説教例やお話集にあるお話をそのまま使いましょう。場に合わせて、それを少しアレンジしても構いません。聞く子どもたちにふさわしいとあなたが思ったお話、語るあなたが共感するお話であれば、ぜひそのお話、してあげてください。そもそも、教案やお話例は、そのためにあるのですから。

B　お話のいろいろなタイプ

　お話づくり実際編の後半は、いざ自分でお話をつくろうと
なったとき、こんな仕立て方もあるよ、というヒントです。
お話のバラエティーを5つのタイプにわけ、紹介していき
ます。この5つは、長年みんながつくるお話を聞いていて、
わたしが感じたパターンみたいなものと思ってください。

①主人公のモノローグ型

　これは、登場人物が「私（I<ruby>アイ</ruby>）」で語っていくスタイルを
とるもの。このジャンルで、印象深く思い出すのは、学生が
つくってくれた、「おいらはエリコのザアカイだ！」ではじ
まる、ザアカイ目線の楽しいお話です。はじめから終わりま
でずっと「おいら（ザアカイ）」が何をしたか、誰に出会っ
たかを、オレさま口調<ruby>くちょう</ruby>のザアカイが語っていく形でストー
リーが展開します。よく知っているお話ですが、ザアカイ側か
ら見えるその日の景色って、イエスさまって、こんなだった
のかなと思いながら聞いたのを覚えています。

　主人公の気持ち、揺れ動く心情や感動を表すのに適したパ
ターンですから、うまくいくととてもドラマティックなお話
になります。ただ、「語り」には注意というか、覚悟が必要

です。中途半端に語り手が照れてしまうと、聞いているほうも恥ずかしくなりますから、エイッと心を決めて語り出し、絶対に最後まで「なりきる」こと。「わたしの名前はハンナ……」と語り出したら、誰が何と言おうとも、あなたはもうハンナ！です。

②架空の人物挿入型

　第5章で取りあげたように、お話の主人公が「神の民」などの場合、聞き手である子どもたちが同一化しやすい架空の人物を想定して、お話に入れるスタイルです。次章で紹介する「コンタの話」も、善いサマリア人のたとえ話に、登場人物のほかにキツネのコンタを加えることで、子どもたちがコンタの立場に立って物語に参加、追体験できるようになっています。

　この型の例はたくさんあり、主人公が特定されているお話でも可能です。ザアカイを例にすると、ザアカイの飼い犬カール（ワンちゃん）を入れて、ご主人様の素顔やイエスさまとの出会いの真相をひもとくお話や、男の子を登場させ、その子がイエスさまと出会う前日のザアカイに助けてもらうエピソードを追加して、聖書のお話（翌日起こったイエスさまとザアカイの出会い）の意味を深く考えさせるお話などがありました。ザアカイという主人公がいても、架空の人物が挿入されることで、

聞く側の共感がぐっと深まります。

③設定変更型

　お話のあらすじ、内容をそのままにして、設定自体をまっ
たく違うものに変えるタイプです。登場人物を動物にするの
がよくなされるパターンですが、野菜やくだもの、おもちゃ
や色など、自由に別の世界を設定できます。子どもに身近な
園や家庭に設定を移し、同年齢の子どもたちのお話につくり
かえるなど、お話の世界をそっくり現代に移すことで、古く
て遠い聖書の世界では必要になる説明を、全部はぶいてしま
えるというメリットが魅力的です。

　例として、巨人ゴリアトを倒す少年ダビデのお話（サムエ
ル記上17章）を3歳向けにした学生の作品を、要約して紹
介しましょう。いつも魚のペンダントをしている小さいネコ
ちゃんのお話です。ある日、ネコちゃんが大好きなお姉ちゃ
んのところへ遊びに行くと、あらたいへん！　オオカミがお
姉ちゃんを襲おうとしているではありませんか。「小さいお
前なんかに何ができる」と、すごむオオカミに、「ボクには
神さまがいてくれる」と果敢（かかん）にいどむネコちゃん。

　　オオカミ：神さまなんているものかぁ！

　　ネコ：神さまはいる！　神さまは絶対まもってくださる
　　　もん！

　はたして、ネコちゃんがビューンと投げたペンダントはオオカミの手に刺さり、「痛いよぉ」と、オオカミは逃げていきましたとさ。

　ここにはイスラエル人もペリシテ軍も、鎧（よろい）や羊飼いの石投げも出てきません。けれども、ダビデのお話に示されている、神さまは信頼する小さいものをかならず守ってくださるというメッセージが、ネコちゃんのお話のなかに込められて、子どもたちに伝えられていくのです。

④聖書サンドイッチ型

　子どもへのお話では、過去や未来、今があちこち飛んでしまうと、子どもがついていけなくなるため、お話の時制（テンス）を一致させるのが鉄則です。「むかし、むかし……」ではじめたら、お話の最後まで、「むかし、むかし」のことにする、ということですね。けれども、この時制の一致には、ひとつ抜け道（裏技）があります。聖書のお話、つまり聖書の時代を、現代の設定に挟（はさ）むというやり方です。

　〈例〉５歳のマナちゃんがおばあちゃんの家におつかいに行き、おやつができるまで、お母さんに聞いたお話をおばあちゃんにします。そのお話は、むかし、むかし「砂漠でマナが降ったお話」（出エジプト記 16 章）です。そのマナのお話が終わると場面は戻り、いい匂いのホットケーキが焼き上が

り、ふたりの会話が続きます。おばあちゃんが、「そうだね、マナちゃんのマナは、神さまがいつもわたしたちを大事に思って、おいしいパンをくださったことを思い出す名前だね」と孫娘に語る——という学生の作品。

絵本『サンタクロースのすきなおはなし』も、はじめと終わりは、サンタが森の動物たちに囲まれて話をしている場面で、間にサンタの語りとして聖書の降誕物語がそのまま入る——というこのタイプです。

聖書のお話自体は変えないまま、大昔の聖書のお話を、子どもたちに引き寄せて聞くための「しかけ」と言えますね。とくに、例に出したマナの話（5歳向け）では、5歳のマナちゃんが語り手になっているため、聖書のお話そのものも5歳が使う言葉で語られることになる——というすぐれものです。この手を使うと、対象の子どもたちに合わせた言葉選びが意識しやすいのではないかと思います。ぜひお試しを。

⑤例話型

最後は、テキストのメッセージを例話で語るというパターンです。とくに聖書箇所がストーリー性をもたない文章だった場合、そのテキストの中心テーマを、創作した「お話」「例話」に込めるという方法です。

聖書には、物語のほかに律法や教え、詩や格言、黙示文学

などがありますので、物語以外の箇所が、子どもたちに語る
テキストとなることがあります。たとえば、次のようなとこ
ろが当たったら、みなさんならどんなお話をしますか?
「愛は忍耐強い。愛は情け深い」（Ⅰコリント 13:4）。「光の子
として歩みなさい」（エフェソ 5:8）。「平和を実現する人々は、
幸いである」（マタイ 5:9）。「新しい歌を主に向かって歌え。
全地よ、主に向かって歌え」（詩編 96:1）……うーん、幼い
子どもたちに言葉の解説をしても伝わらない。それじゃあ何
かお話（ストーリー）にできるかな? と思うはずです。そう
してつくられるのが例話ということになります。

　このスタイルの最高のお手本は、何といってもイエスさま。
イエスさまは、大切な神さまのこと、神さまといっしょに生
きるということを、「たとえ話」というお話をつくってわた
したちに語られました。「放蕩息子」のお話（ルカ 15 章）は、
イエスさまの創作物語の代表作、それも傑作と言えるのでは
ないでしょうか。

　お家でこねて作られるパン、お百姓さんの種まき、ランプ
の灯りや油、野原のひつじと羊飼い、ブドウ園の収穫……。
イエスさまのたとえ話は、聞く人たちの日常生活と経験や言
葉にぴったり合う、わかりやすいお話でした。だとすると、
わたしたちが聖書からつくるお話も、聞いている現代の子ど
もの身近な場面、日常的に触れていることや物を使ってつく
ればよいということになりますね。ストーリー性のないテキ

ストがあたったら、童話作家になるチャンス！です。イエス
さまをめざして、楽しいお話をつくってみましょう。

　子どもたちへの聖書のお話づくりをすることになったら、
まずは、本章Ａの４つのステップを意識して取り組みまし
ょう。〈step 4〉までいって、いざつくる段階となれば、第Ⅰ
部の基礎をふまえながら、どんなお話にするかを考えます。
もちろん、聖書をそのまま対象に合わせた言葉で語り直すこ
とができます。けれども、それでは内容やメッセージが伝わ
りにくいと思ったら、本章Ｂの５つのパターンの登場です。
どれかを使って書き換えられるかな、と考えてみましょう。
与えられたテキストに合わせて、ぜひ、トライしてみてくだ
さいね。

12　聖書のお話、みんなで聞こう

　本章は、第Ⅱ部「つくろう・語ろう」の「語ろう」部分の実践編です。つくったお話を語ってみたらどうなったか、を見てみましょう。2022年1月、この本の内容を授業で学んだ学生（短期大学の2年生）に、1年生の集う学校礼拝で、自分で書いたお話をしてもらったようすを再録します。

　礼拝のタイトルは「せいしょのおはなし　みんなできこう」。その日の礼拝内容や聖書箇所について少し説明をしてから、ルカによる福音書10章25–37節を学生に朗読してもらい、いよいよお話です。『こどもさんびか改訂版』6番「イエスさまのことばが」をみんなで歌っては、1つお話を聞くというスタイルをとりました。

　授業でのお話づくりのテキストは、旧新約のいくつかから学生に選んでもらうのですが、その年は、同じ聖書箇所を選んだ学生が3人いて、そのまったく違う「サマリア人」のお話3つをしてもらいました。

　以下にお話を紹介（〈　〉内は要約）し、それぞれのお話の

後に、聞いた1年生の感想を入れながら、コメントします。
ひとつめのお話は3歳児向け、あとの2つは4歳児が対象
です。

◇良いサマリア人………野田　愛

　あるところに羽をケガした小鳥がいました。小鳥はやっと
の思いで森にたどり着きましたが、もう動けません。そこに、
森の長老ふくろうさんが近くを通りましたが、小鳥を見ると
別の道にさっさと行ってしまいました。次に、同じ木に住ん
でいた小鳥のお友だちが近くを通りましたが、小鳥を見ると
すぐに別の道に行ってしまいました。

　するとそこに怖そうな顔をした狼が通りました。食べられ
る‼と思ったそのとき、狼さんが「大丈夫かい？」と言って、
ケガをした羽に薬を塗って、包帯を巻き、自分の背中に乗せ、
森の病院まで運んでいきました。病院に行くお金も狼さんが
出してくれました。そして、ケガの治った小鳥さんは、いつ
も周りから怖がられていた狼さんと仲良く遊びました。

　初めのお話は、前章Bの「③設定変更型」です。祭司や
レビ人、サマリア人という登場人物と舞台（エリコへの道）
を、3歳児向けにそっくり森のなかに設定変更して、鳥バー
ジョンにしています。

　この話への学生のコメントには、「聖書の言葉は難しく、幼児には伝えられないが、小鳥とオオカミに置き換えて話すことで、わかりやすいかわいらしい物語になっている」「登場人物を入れ替えることで、わかりやすく、心に残る話になることを知りました」「難しい言葉を使わなくても、聖書の内容を子どもたちに伝えられることがわかった」などがありました。なかには、「大切なことは形が変わっても伝わることを知った」というものもあり、まさに、この型を用いる意味と長所が、しっかり受けとめられていると感じました。

　メッセージの内容については、「イエスさまがおっしゃる『隣人』ということを、今日はお話で聞きました。怖いオオカミが唯一、助けてくれたやさしいオオカミであるところが良い」「オオカミは悪者でずる賢いイメージですが、小鳥を救ったとても心優しいオオカミで、心が温かくなった」「見た目で判断してはいけないと思いました」などがありました。鳥仲間が通り過ぎていくなか、ただひとり関わってくれたのがオオカミというお話は、隣人とのつながりについて考えさせ、外見や先入観にとらわれないで心の目をひらく大切さを思わせたのでしょう。

　加えて、このお話には「読み方がとても上手でいちばん耳に入って来た」というものがありました。耳に入る声は、その人のタラント（賜物、才能）ですね。

　他にも、お話の仕方については、3人に向けて予想以上の

コメントがありました。「みなさんの声や話し方がとても落ち着いていて聞きやすかった」「速さもゆっくりでわかりやすい」「先輩方の声がやさしく綺麗で、お話が心に伝わりました」「セリフのところはきちんと感情を込めて読んでいて、内容が入ってくる」「声の強弱や抑揚もつけられていて感動した」「先輩方の上手な読みが心に刺さりました」などなど。「先輩方が前に立って発表している姿がとてもかっこよかったです」からはじまるコメントや、「話し方で大きく雰囲気が変わるように思いました。子どもたちも保育者の話し方に大きく影響を受けると思います」というものもあり、語り手の姿、存在、話し方の大切さを思わされます。

◇コンタの話………岩坂 礼

　エリコという街の近くに、コンタという１匹のキツネが住んでいました。……〈ある日、コンタが山を散歩していると、山賊が男を襲うところに出くわします。ケガをしてぐったり倒れている男に、「誰か助けが来ないかな？」と心配するコンタ。そこへ祭司が来ますが行ってしまい、レビ人も通り過ぎてしまいます。〉……「どうしよう。僕があの人を助けなくちゃ」。コンタは男の元へ駆け寄り、おそるおそる鼻先で手をつついてみました。しかし、男は動きません。今度は少しだけ服の端っこを引っ張ってみました。男はまだ動き

97

ません。コンタが話しかけても、目の前で得意の逆立ちをしてみても、男はぐったりしたままです。「どうしよう。僕じゃどうすることもできないよ」。コンタは困ってしまいました。

　すると、また人がやってくるのが見えました。「あれはサマリア人だ。もうあの人に頼むしかないぞ」。コンタは勇気を出して、サマリア人のところへ行って、男が倒れていることを伝えました。サマリア人は男を見て驚きました。「ひどい怪我じゃないか。こりゃあ急いで手当てしなくちゃいけないぞ」。そう言って男をロバに乗せ、街の宿屋に連れて行きました。

　コンタは宿屋に着くまで、サマリア人といろんな話をしました。宿屋に着くと、サマリア人はコンタに部屋のなかに入るよう勧めましたが、コンタは外で待つことに決めました。窓からそっとなかを覗くと、サマリア人が男の傷を手当てしているのが見えました。「これでもう安心」。コンタはそう呟くと、にっこり笑って山に帰って行きました。

　2つ目は、「②架空の人物挿入型」です。コンタには祭司もレビ人もサマリア人も何のことかわからないので、作者は、あえて説明をしない選択をしています。そして、同じようにそれらの言葉の意味がわからない4歳の子どもたちの代わりにコンタが挿入されている。こうして、コンタに自分を重

ねて、物語の場面に入り込むことができる——この型の王道(おうどう)
と言えますね。

　1年生のコメントにも、それが受けとめられています。「イ
エスさまのお話は変えずに、コンタという登場人物を増やす
ことで、子どもたちがコンタに感情移入(かんじょういにゅう)し、自分のような
少し弱い立場でも、できることがあるのだと気づけるお話だ
と思いました」「『コンタの話』はその場面を一緒に見ている
人側(ひとがわ)として構成されていて、自分（わたし）がコンタの立場
に置き換えて考えたように、子どもたちもコンタと同じ気持
ちになったにちがいないと感じた」、まさにその通りです。
この型をとることで、コンタの心情が共有され、だからこそ、
「サマリア人のたとえ」とそのメッセージを追体験できるの
だと思います。以下、わたしが何か言うよりもそれが表れて
いる、聞いた学生のコメントを——。

　「自分自身が直接その人を助けることはできなくても、助
けることができる人を呼ぶことはできる。（お話で）それを
子どもたちに伝えられるのはすごいと思いました」「何一つ
自分が得する訳でもない、最終的には無言で去るという行動
がすてきだと感じました。見返り(みかえ)を求めず、心の底から人の
ことを思った行動ができるようになりたい」「コンタと同じ
目線で子どもたちが聞き、『行ってあなたも同じようにしな
さい』の言葉を自然に受け取り、自分に今できることは何か
考えて行動できると思った」。イエスさまの教えを聞き手も

いっしょに受けとっていることがわかる感想です。

◇黒ひつじ　まとるん………星 里音

〈ひつじたちが暮らす丘には白ひつじに交じって、何匹かの黒ひつじがいます。白ひつじたちは、自分たちの白い毛を自慢し、黒ひつじの毛のみすぼらしさを毎日噂していました。〉

……ある日のことです。1匹の白ひつじらむりんは、いつものように朝起きて鏡を見ました。そして自分の姿を見て目を真ん丸にしました。自慢の毛がなくなっているではありませんか。らむりんはとても落ち込み、泣きました。そして、家から出てこなくなりました。

外では、仲間の白ひつじたちが集まって噂をしています。「らむりん、毛を誰か悪い奴に刈り取られたみたいよ」「黒ひつじの仕業じゃないの？」「絶対そうよ」。そこに1匹の黒ひつじまとるんが通りかかりました。すると黒ひつじのことをよく思っていない白ひつじたちは、まとるんを責め立てました。「あなたがらむりんの毛を刈り取ったんじゃないの？」。黒ひつじは答えました。「僕はやっていないよ。それより、あなたたちはどうして同じ白ひつじのらむりんを助けないの？」。それを聞いた白ひつじたちは黙り込み、そそくさと自分たちの家に帰ってしまいました。

　黒ひつじのまとるんは家に帰り、自分の毛を少し刈り取ってマフラーを編みました。そして、草をたくさんとってきて、温かいスープを作りました。そして、それをらむりんの家に持っていき「毛がなくなって寒かったでしょう。マフラーで暖かくして、スープをたくさん食べてね」と差し出しました。

　そうして、白ひつじのらむりんは元気になりました。「まとるん。どうもありがとう。でもどうしてこんなにやさしくしてくれるの？」、らむりんは聞きました。「だって、もし僕が同じ目にあったなら、とても悲しいと思ったんだ。それに僕は寒いのは苦手^(にがて)だから」、まとるんは恥ずかしそうに笑いながら答えました。そうして、まとるんとらむりんはとても仲良しになり、２人はいつまでも幸せに暮らしました。

　３つ目のお話は、なんと「⑤例話型」です。善いサマリア人のたとえ話という、もともとストーリー性のあるテキストから、仲間ではなく嫌われ者が助けたというモチーフだけ使って、あとはあえてメッセージ（テーマ）を取り出し、別の例話に創作しています。

　コメントには、「怪我をするわけではなく羊の毛が無くなるという予想外のストーリーで驚いた」という素直な感想から、「子どもたちに話したとき、らむりんの悲しい気持ちやまとるんの優しい気持ちが伝わるお話だと思う」「自分がしてほしいことを隣人にしてあげることが大切だと思えるお話

でした」「いじわるな白ひつじも黒ひつじの優しさに心動か
されたのだと思います。優しさの輪はつながれていくのを感
じました」などがありました。

　サマリア人のたとえのあらすじはまったくなくても、この
例話によって、たとえ話が持つメッセージ、隣人を自分のよ
うに愛するというテーマ——それこそが、イエスさまが語り
たかったことでしょう——が伝わっていることがわかります。
「自分がされてうれしいことを人にする、つまり愛されてい
ることを感じ、他の人にも愛を伝えることが、互いに愛する
ことだと知ることができました」とコメントに書かれている
とおりです。また、「まとるんの行動にイエスさまの愛を感
じた」というコメントがありました。お話のなかの黒ひつじ
が、イエスさまってどんな方かを伝えているということです
ね。

　この日の礼拝では、聖書が、「聖書のお話」という形で聞
き手に手渡されました。聖書のお話をみんなで聞いたとき、
お話にしたことでそこに起こったことを、最後に学生たちの
言葉でお伝えしたいと思います。

・キリスト教のなかにある話をどうやって保育で伝えるのだ
　ろうと思っていたが、今回この場で色んな表現の話を聞く
　ことができ、自分なりに理解することができたと思う。ど

の表現で書かれたお話も、子どもが少し立ちどまって考えられる内容になっていた。子どもたちが実際どんな風に感じるのか、いっしょに聞いてみたいです。

・聖書は難しいと思っていたけど、子どもにもわかるように話してくださり、楽しく話を聞くことができた。聖書には多くのメッセージがあると思った。

・3つのお話を聞くことで、いままでは遠く感じていた聖書の話がとても身近に思えた。

・2年生のお話を聞いて、聖書とはイエスさまによってもう作られたものである（変えられない）と思っていたのが、わたしたち自身でもお話に作れるものだということに気づきました。

・子どもたちは聖書のお話を通して、人を思いやる心や他者を愛する心などを養っていくのではないかと感じた。

・聖書のすばらしさをあらためて感じることができました。小さな1編の物語でもさまざまな思いや意味が込められていることを学ぶことができました。

・子どもへの聖書のお話、先輩方の捉え方もさまざまでしたが、他者への温かい心、尽くしあう心が子どもに伝わるだろうと思いました。自分だけの道を生きるのではなく、周りの人たちを含め共に歩むこと、自分がしてほしいことを同じように、他者に自分がすることが大切であり、それが、隣人を愛することなのだと学びました。

・ 聖書は本当にいろいろなことを私たちに語りかけていると
　いうことを、実感することができました。
・ 聖書のお話を聞き、イエスさまの言葉が温かく、やさしい
　気持ちになれました。自分がどのような立場にいても、隣
　人を愛し、平和で温かい世界をつくっていけたら良いとあ
　らためて思いました。

　聖書のお話には、人を動かす力があります。それは、その
聖書のお話が、神さまからのメッセージ、イエスさまからの
言葉になっているからです。「サマリア人のように、オオカ
ミのように、コンタのように、黒ひつじまとるんのように傷
ついた人がいれば寄り添い、行動で示すことのできる人にな
りたいと思う」と、力強く書かれたコメントに励まされて、
さぁ、これからもみんなで、聖書のお話をいっぱい語って、
聞いて、歩んでいきましょう！

　　　イエスさまのことばが　きこえてくるよ
　　　聖書のおはなし　みんなできこう

　　　神さまのこころが　わかってくるよ
　　　聖書のおはなし　みんなできこう
　　　　　（『こどもさんびか改訂版』6「イエスさまのことばが」）

13　お話名人3人のおはなし

　この本の元になった連載は、12回で最終回をむかえました。その12回をまとめ直したのが、ここまでの1～12章です。けれども、連載が終わったとき、わたしには実は心残りがありました。日本における「子どもたちへの聖書のお話」の先駆者である3人のお話名人——田村直臣、三戸吉太郎、久留島武彦を、みなさんに紹介したかったなあ……と。そこで第Ⅱ部実践編の付録として、本章に、わたしの尊敬する偉大な実践者たちのことを記したいと思います。

　この人たちが日本のキリスト教教育・保育の草創期にいなければ、子どもへの聖書のお話は、こんなに大切にされてこなかったのではないかと思う3人です。時代的には、田村がいちばん先で、10年たって三戸が生まれ、その後久留島と、ほぼ同時代の人ですが、久留島、田村、三戸の順でお話ししましょう。

「日本のアンデルセン」

久留島武彦（1874–1960）
（く　る　しまたけひこ）

久留島武彦記念館所蔵

久留島武彦は、明治時代から戦後にいたるまで、全国各地の子どもたちに楽しいお話を語り聞かせ、口話であることにこだわって「口演童話」の世界をひらいた教育者です。子どもたちへのお伽噺や童話を創作し、子どもたちを集めて聞かせるお話の会をはじめて開き、ラジオ放送で日本初となる童話を語っただけでなく、童話学、口演童話術の研究に取り組み、語り手の育成にも生涯心をつくしました。

そんな久留島は、「日本のアンデルセン」と呼ばれ、日本の近代児童文化のパイオニア的存在なのですが、なにせ「子どもへのお話」という限られた分野ですから、そんな人知らない、という方も多いかもしれません。聞いたことがあるよという人でも、一般的な童話の有名な語り部、児童文学者として、巌谷小波と共にインプットされているといったところでしょうか。なぜ、聖書のお話で、久留島なのでしょう？

　下の写真は、1910（明治43）年、両国国技館で開かれた東京日曜学校生徒大会のようすです。1万5000人もの参加者（子どもたち）が、東京市内の教会から集まるなか、中央の土俵の演壇に立ったのが、当時、すでに「お話の久留島先生」として有名だった36歳の久留島武彦でした。

　「へぇ、久留島武彦ってキリスト教と関わりがあったんだ」……そうです、あったもあった、久留島が子どもや子どもたちへのお話と出会い、生涯それに生きたきっかけは、日曜学校でした。逆に言うと、「日本のアンデルセン」を生み出したのは、われらが？日曜学校、キリスト教だったということですね。

　久留島は、大分県玖珠町に生まれ、大分中学在籍中、英語

NCC 教育部所蔵

の教師として赴任してきたＳ・Ｈ・ウェンライト（のちに関西学院普通学部長。その後、再来日し、東京で日本基督教興文協会、教文館の発展に寄与）との出会いを通して、Ｗ・Ｒ・ランバス（関西学院創立者）より大分教会にて受洗します。それから、ウェンライトについて神戸へやってきて、関西学院普通学部で学んでいたころ、広島の幼稚園で子どもとの出会いを経験した久留島は、神戸のメソジスト教会（現・日本基督教団神戸栄光教会）の日曜学校の校長に抜擢されることになります。このときまだ、20歳になっていなかったというのですから驚きですが、自ら絵話をつくって、熱心に日曜学校で子どもたちにお話をしていたようです。そして、この十代の若い日の経験が、久留島の生涯を決めることになりました。

　実は久留島、生家の親戚、宗家の意向もあってか、受洗から10年足らずで大分教会に退会届けを出しています（1897年）。けれども、その後もずっと教会と日曜学校との結びつきは、変わることなく保っていることを見ると、明治初期に家の長男がクリスチャンとなるむずかしさがあったのでしょう。1903年、彼のライフワークとなる口演童話会の初回は、お母さんが通っていたという横浜の蓬莱町のメソジスト教会（牧師：山鹿旗之進）を会場に行われています。1900-10年代には、写真の日曜学校生徒大会だけでなく、山鹿がその当時牧会していた九段教会や、母教会である大分教会の日曜学校でもたびたび子どもたちにお話をしていた記録や写真が残さ

れています。

　とくに注目したいのは、1918 年、母校関西学院で開かれることになった「ハミル日曜学校教師養成所」の広告に、講師として久留島武彦の名前があることです。今の CS 教師の「聖書のお話の仕方」「話術」の先生、第 1 号は、おそらく久留島だっただろうとわたしは思っています。つまり、久留島武彦は、この本の目的である、「聖書のお話を子どもにどうやって語るのか」を教えた、日本で最初の専門家、わたしたちのお話の先生だったのです。

　上記の日曜学校教師養成所で、実際に久留島が何を講義したのかは、残念ながらはっきりしません。けれども今回、この本を書くにあたって、お話の語り手である久留島の姿を少したどってみただけでも、彼がたくさんの教えをわたしたちに残してくれていることを実感しました。そのひとつを紹介しましょう。

　久留島の伝記の著者である後藤惣一は、晩年、口演童話旅行で全国をめぐる久留島の姿から、彼の入念な講演計画についてまとめています。そのいちばんはじめの手順が以下——。

　「①講演に臨むに当たって、事前に主催者に尋ねることは、聴衆はどんな層の人達であるかである。その生活様式、能力、年齢等を確かめた。また自ら会場を見て、演壇と聴衆との間隔や、会場での聴衆の並び方などには細心の注意を払った」（『久留島武彦』p.189）

　これは、お話を創作するときのはじめ、11 章であげた手順〈step 1〉そのものだと思いませんか。場の設定が、まず聴衆を知ること、そこにいる子どもたちの生活や言葉に思いをいたらせ、会場の椅子や座り方を含めたお話の空間を準備することとして実践されています。幼い子どもたちには、読み物よりも口話、口演、つまり、語り手が自分の口を通して直接話すこと以上のコミュニケーションはないのだと確信していた久留島武彦は、その場の設定の重要性を誰より知っていたのでしょう。

　そして、備えられた場でのお話に、わたしたちおとなが心をこめることを、ほんとうに大切にしていました。久留島はこんなことを書いています。「(わたしたちは) ラジオの発達により声というものに注意を向けはじめた。声の本質はなんであるか、まごころである。受けるものの心の立場に立ってかたるべきである」(『童話教育』4 巻 11 号、童話教育会、1952 年)。

　久留島が大事にしていたのは、自分の口から発せられる声でした。そして、その声の本質はまごころなのだと言います。語り手の声は、語る人の心となって、聞く人たちの心に届けられていくのです。ですからわたしたちも、お話の久留島先生にならって、子どもの心の立場に立って、自分の声を出し、聖書のお話を語っていきたいものですね。

　日本中を旅して子どもたちの集まるところでお話を聞かせ、

「子どもの膝の前の友だち」（久留島が好んで使った言葉）であることを願い続けた久留島武彦。そのお話への心づかいと情熱は、日曜学校教育を継承するわたしたちに引き継がれています。CSで、園の礼拝で、わたしたちは、まごころをこめて聖書のお話をする「子どもの膝の前の友だち」であり続けたいと思います。

「『子どもの権利』の提唱者」

田村直臣（1858-1934）
<small>た　む　ら　な　お　お　み</small>

巣鴨教会所蔵

　　11章の〈step 4〉で、お話づくりが自分でできないときは「教案やお話例」を頼ろうと書きましたが、教会教育やキリスト教保育で使われている、礼拝のお話例が載っている「教案」って、いったい何でしょう。考えてみると、他には類似するものがない、ユニークな文書です。どうして、今でもキリスト教教育・保育のお話例を付けた教案誌がいくつも発行されているのでしょう。

　「教案」、これは、もともと「日曜学校」教育のためのガイドラインとなるツールで、カリキュラム＝教育課程とも呼ばれるものです。1780年にロバート・レイクスが英国ではじめた「日曜学校」は世界に広がり、信徒のおとなが子どもたちに、教会で毎週、聖書を教えるための教科書兼参考書が必要となりました。そうして開発されたのが「教案」です。

　この日曜学校教案、日本には、米国でつくられ全世界に配

信された（40 カ国以上の言語に翻訳されたそうです！）「国際
統一教案（International Uniform Lesson, 以下 IUL と表記しま
す）」が、最初にやってきました。IUL については、10 章の
「聖画」のところで紹介していますが、日本の日曜学校のは
じまりの 30 年間以上（1880 年代〜）、教案の主流となって活
躍しました。この IUL、すべての年齢層が、つまりおとな
も子どもも、同じ聖書箇所を同じ日に全世界で学ぶというな
んだかすごいスケールの教案でした。

　そんな、少し悪く言えば「いっしょくた」の教案が、ガラ
ッと変わり、みなさんおなじみの幼稚科、小学科など、年齢
別、発達段階別の級別（科別）教案が初めて現れたのは、
1910 年ごろになってからのことでした。世界中が教育学、
心理学の進歩と共に人間の発達段階というものに注目しはじ
めたころ、誰よりも早く、日本人による日本の子どもたちへ
の科別教案『11 年制級別日曜学校教課書』（教文館より発行）
をつくった人がいました。それが、田村直臣です。

　一人ひとりの子どもには、尊い神の子としての権利、尊厳
があると考えた田村は、「子どもの権利」の日本初の提唱者、
擁護者として働いた牧師でした。ですから、日曜学校の教育
が、どの年齢も「いっしょくた」で十把一絡げになされてい
いとは思えなかったのでしょう。

　今ではごくあたりまえの発達段階別教案ですが、当時そん
なものはありませんでした。田村は、「教育とは発達の順序

であります。どうしても、教育は、発達の順序に従わなくてはいけません」として、6年の歳月をかけて独力で11年分（幼稚科2年、初等科3年、中学科3年、高等科3年）の教案を書きました。しかもそれは、生徒用教科書『小日曜学校の友』（その学年の子どもが自分で読めるお話）と、教師用指導手引き『○○科教師の友』に分かれて発行され、さらに幼稚科にはカードが、幼稚科と初等科には掛け図（おもに大きな聖画）がついていました。聖書のお話を伝えようと思えば、年齢が異なる子どもたちそれぞれの今を見つめ、それに合わせたものでなければならないという信念を感じます。

　このように、田村は、その日のテキストを教えるための教師用の手引き、解説本だった日曜学校の教案を年齢に合わせ、子どもたちへの聖書のお話中心に変えました。また、日曜学校に、それまでなかった礼拝を導入し、子どもたちが礼拝のなかで「聖書のお話」を聞くことができるようにしたのです。こうして、田村によって、今も行われている日本のCSやCS教案のスタイルがつくられたと言えます。

　さて、この田村の日本初の科別教案、とくに子どもの読み物を見ると、その教案が子どもの生活に即したものであることがわかります。たとえば初等科（小1）用は、「お家の中のこと」という3週にわたる単元からはじまっています。その1週目のテーマである「神さまが唯一であること」は、子どもたちに、「おとっさんは何人おいでなさる？」と聞く

お話です。お父さんがふたりや3人もいたら誰がほんとう
かわからない。みんなに、ただひとりのおとっさんがいるの
と同じように、わたしたちみんなにとって、神さまはおひと
りなのだと語っています。

　3週目のおさくちゃんのお家の話では、おさくちゃんが、
「(神さまは) わたしのお家には、わたしを可愛がってくださ
るおかっさんをくださいました。おかっさんのおいでなさる
ところが、わたしの、どこよりもよいお家です」と言ってい
ます。神さまは、わたしのお家のお父さんのようにただおひ
とりで、お母さんのようにやさしく可愛がってくださる方。
そして、その神さまがおられるところこそ、わたしたちのホー
ム、どこよりよいわたしの居場所だというのです。

　田村はこの教案を、「子供等自身の経験せる日常の事物に
依りて、神と人とを愛し、祈祷をなし、またイエスを愛する
ことを知らしむる目的」で書いたと言っています。子どもの
生活、言葉、経験に則したお話のなかでだけ、子どもに伝わ
るものがあるんだよ、だから、そんなお話のなかで、愛の神
さまを語り、子どもたちがイエスさまのように神と人を愛し
て生きることを知ってほしいねと、言われているような気が
します。教案って、そのためのものなんだと思います。

　田村直臣という人は、言文一致、つまり、話し言葉で子ど
も向けの文章を書いたキリスト教児童文学の先駆者でもあり、
あくまで子ども本位、子ども中心の教育を生涯実践し、子ど

もの権利を守り続けた稀代（きだい）のキリスト教教育者です（ちょっとスゴすぎる人なので、詳しいことは拙著『田村直臣のキリスト教教育論』をどうぞ）。そんな、日本のキリスト教教育・保育界のパイオニアから学ぶことは、まだまだ山ほどあるのですが、田村が教師用教案に書いた「教師心得」から１つだけ、わたしたちへのシンプルな注意を聞きたいと思います。

「むずかしき言葉を用いるのと長い話をするのとは児童教育に対して二つの大禁物（だいきんもつ）である」──ほんと、この２つはタブーです。田村先生のおっしゃるとおり、聖書をむずかしい話、長い話にするのはやめましょうね。

「Mr. サンデースクール」

三戸吉太郎（1868-1925）

関西学院大学 学院史編纂室所蔵

　日曜学校で花開いた子どもたちへの聖書のお話。そのはじまりを築いた、ほぼ同時代のお話名人を紹介してきました。最後はこの人に登場してもらいましょう。

　国技館の生徒大会（写真、本書107ページ）を見てもわかるとおり、日本の日曜学校は、1900年代から1930年代に戦前の黄金期、大流行を迎えます。そのブームをおこした立役者のなかに東西の雄（東と西の大物）がいました。関東は田村直臣、関西がこの三戸吉太郎です。

　三戸吉太郎は、田村の誕生から10年後に広島で生まれ、奇しくも久留島と同じく、関西学院の創立者W・R・ランバスから受洗し、関西学院神学部を卒業後、一生を日曜学校と子どもにささげた人物です。ある宣教師が書いた三戸の追悼文には "Sunday School Mito"「『日曜学校』三戸」というタイトルが付けられています。三戸吉太郎といえば、そのアイ

デンティティは日曜学校、ということでしょう。

　三戸は神学生時代から、また牧師となってからも、赴任した先々で子ども賛美歌をつくり、「カード帳」を考えだし、絵話を描き、晩年まで日本メソヂスト教会日曜学校局長、日本日曜学校協会の理事も務めています。母校関西学院のなかに日曜学校館としてハミル館を建設し、久留島が講師として名を連ねた、ハミル日曜学校教師養成所の開校に尽くしたほか、日曜学校教材や機関誌、資料の開発を行いました。また、関西学院神学部、ランバス女学院神学部などで日曜学校教育に関する講義を担当するなど、神学教育のなかに日曜学校教育を位置づけようと試みた人でもありました。

　この Mr. サンデースクールは、なかから様々な材料が出てくる「玉手箱」のような大きなスーツケースから、自由にいろんなものを取り出して、ニコニコとしずかに語るお話のセンセイだったようです。

　三戸が「童友」（子どもの友だち）というペンネームで書いた、「訓蒙　神の話」を見ると、この人は、子どもたちの日常生活に即した例話のセンスが抜群だったことがわかります。子どもたちが出てくるお話はもちろんですが、子どもに身近なモノ（事物）を用いた例話がとくに見事なので、ひとつ紹介します。メッセージのテーマは、「神の全知」。みなさんなら、神さまはすべてをご存じであることを伝えるために、子どもたちにどんなお話をするでしょうか。

　「みさをさん此れは何でありますか？（風呂敷より提燈を出して示す）ソー提燈であります。誠一さん此れは何に使用物でありますか？　ソー」と、夜道でちょうちんの灯がとても便利なことを話す。「皆さん、此提燈の中へ何が立ててありますか？　美チャン何卒仰って下さい。只今皆さんのお聞きの通り美チャンは蠟燭が立ててあると申されましたが、皆さんは如何お考えなさいますか？」みんなもそう思うと聞いて、しのぶにその中身を取らせる。「此れは何でありますか？　ソー大根であります。……なぜ間違ったのでしょう？

　ソー提燈の中が見えないものですから、大間違いをなさったのです。皆さん、本当に私共は、無知者ではありませんか。この一つの間で、ただ、紙一枚を隔てていると、三十四十の目で見ましても知れません。障子や襖や壁を隔てますと、いよいよ何もわかりません」。

　そこから、わたしたちは、お母さんが家で今何をしているかわからないし、今赤ちゃんが生まれて大喜びの家があれば、親が亡くなり子どもが泣いている家もある、晴れているところ、地震に襲われているところもある……などを語り、「真実に人間は歯痒様に愚知ぬ者です」とする。こうして、わずか障子紙1枚の先も見えず、わからないわたしたち人間とは異なり、神さまは、どんな隔てもこえて、すべてを見ることができ、すべてをご存じなのです……と語っています。

　手品のように取り出したモノや、あるときは粘土を使って、

子どもとやりとりをしながら、神さまを語る三戸のお話は、視聴覚教材を用いた「⑤例話型」（本書91ページ参照）のお手本ということができます。そして何より、大根って！　おもしろいじゃないですか。神さまからのメッセージを子どもに手渡す——そのことのために、しかけや準備を入念にして、一話をつくりだしていく精神を見習いたいですね。

　三戸吉太郎は、周囲からよく「『三戸は婦人科、小児科専門だ』なんての冷笑を浴せられた」と語っていたそうです。日曜学校は、「おんなこども」とひとくくりにされて下に見られる人たち相手の仕事だと、バカにされていたということです。それでも、三戸は、「児童宗教々育事業を自己の天職と自覚」し、30年以上、一心にこれに励み、「我が国日曜学校の指導者として東奔西走、寝食を忘れて斯業の充実発展に尽瘁」したと言われています。子どもたちにお話を通じて神さまを知らせること、童友である三戸にとって、それ以上に大切な仕事はありませんでした。そんな "Sunday School Mito" がいて、それに続く人たちがいて、今のわたしたちの働きはあります。

　「聖書のお話を子どもたちへ」——それは、このことひとつに賭けて生きる価値のある、神さまからわたしたちに託されたつとめなのです。

本書で紹介した本

レギーネ・シントラー『子どもと祝うキリスト教の祭り――希望への教育 2』加藤善治／茂純子／上田哲世訳、日本キリスト教団出版局、1995 年

ラビンドラナート・タゴール『もっとほんとうのこと――タゴール　寓話と短編』内山眞理子編訳、段々社、2002 年

黒田成子ほか編『キリスト教幼児教育概説』日本キリスト教団出版局、1974 年

ロバート・D・パットナム『われらの子ども――米国における機会格差の拡大』柴内康文訳、創元社、2017 年

山浦玄嗣『イエスの言葉――ケセン語訳』文藝春秋、2011 年

J・H・ウェスターホフ『子どもの信仰と教会――教会教育の新しい可能性』奥田和弘／山内一郎／湯木洋一訳、新教出版社、1981 年

レギーネ・シントラー作、シュチェパン・ザヴゼル絵『聖書物語』下田尾治郎訳、福音館書店、1999 年

レスリー・フランシス／ニコラ・スリー文、ローラ・クーパー絵『くまのテディ　おはよう』『同　ごめんなさい』『同　おやすみなさい』さくまゆみこ訳、日本キリスト教団出版局、2011 年

スー・アルトハウス『教会の祭と行事の祝い方』日本キリスト教団出版局、1985 年

水野誠『おはなしのおくら——実録幼稚園の礼拝』聖和大学キリスト教と教育研究所、2000 年

レギーネ・シントラー『希望への教育——子どもとキリスト教』加藤善治／茂純子／上田哲世訳、日本キリスト教団出版局、1992 年

レギーネ・シントラー『希望の教育へ——子どもと共にいる神』深谷潤訳、日本キリスト教団出版局、2016 年

前川裕『今さら聞けない⁉　キリスト教 Ⅵ　古典としての新約聖書編』教文館、2023 年

青木久子文、イワン・ガンチェフ絵『サンタクロースのすきなおはなし』女子パウロ会、1983 年

後藤惣一『久留島武彦』大分県教育委員会、2005 年

小見のぞみ『田村直臣のキリスト教教育論』教文館、2018 年

サムエル・テリエン編『原色 聖書物語Ⅰ〜Ⅲ』高崎毅／山川道子訳監修、創元社、1967 年

あとがき

　考えてみると、わたしはこれまでの人生で、たくさんの
「聖書のお話の先生」に出会ってきました。この本は、それ
らの先生たちから学んできたことを、みなさんに手渡すため
にまとめたものと言えます。

　お話の仕方をはじめて習ったのは、キリスト教教育学科の
学生時代。ぜいたくなことに、奥田和弘先生とスー・アルト
ハウス先生が 2 人で担当してくれた「コミュニケーション」
という授業でした。そのとき書いて、全文おぼえて発表した
エリヤとサレプタのやもめのお話（列王記上 17 章）の原稿に
は、奥田先生の手書きのコメントが残されています。

　本書で用いたレギーネ・シントラーの『希望への教育 2』
の翻訳者である茂 純子先生は、母校の専任講師になりたて
のわたしの研究室に、サイン入りの本をもってきてくださり、
シントラーと引き合わせてくれました。8 章で紹介した『お
はなしのおくら』の水野誠先生も、幼稚園でのお話を通して、
今もわたしを教えてくださっています。ここまでは、わたし

のお話の先生となってくれた字義通りの「先生」たちですね。

　それ以外にも、たくさんのお話作家の学生たちがいます。予想もしない発想で、聖書の魅力を子どもたちへのお話にする学生たちは、わたしのお話の先生であり続けています。若いって、子どもたちに近いって、神さまからのよい知らせにもグッと近いんだなぁといつも感じます。12章で、学生時代に書いたお話を掲載させてくれた野田愛さん、岩坂礼さん、星里音さん、ほんとうにステキなお話をありがとう。

　学生たちに朗読してもらって、聖書物語の絵本を読む定型の学校礼拝を長く続けてきたことも貴重な経験です。刊行されている色々な聖書物語・聖書絵本から、若い人たちとどれを読むかを考える。そして、学生が読んでくれるお話を聞くことが、大きな財産（学び）となっています。もとをたどれば、わたしの聖書物語体験は、幼少期にくりかえし何度も読んだサムエル・テリエンの『原色 聖書物語Ⅰ～Ⅲ』（創元社）から始まっていますから、出版されている聖書のお話も、読み比べて学ぶことができる先生たちと言えますね。

　キリスト教教育主事として働いた教会でも、毎週 CS の礼拝でスタッフ仲間、幼稚園の先生からたくさんのお話を聞くことができました。そこではまた、誰よりも、聞き手である子どもたちが、わたしたちのお話をよりよいものにする先生であったと感じます。

　キリスト教教育を学ぶこと、教えること、その働きに携わ

ることは、常に、「聖書を物語ること」と結びついている
——わたしはそれを今までの歩みを通して体験し、今も実感
し続けています。この本の冒頭で、キリスト教は聖書という
本を大切にするユニークな宗教だと書きました。けれども、
大切にする仕方を一歩まちがうと、それは、聖書を絶対的な
権威とみなして、聖書によって人を傷つけ、縛り、子どもを
宗教的に虐待することにさえつながってしまいます。

　ですから、わたしたちは聖書をどう扱うのかを真剣に考え
なくてはなりません。聖書を自明なことにしないで、わたし
はこの本をどう読み、どう語っているのかを常に見つめなお
さなければと思わされます。そして、とくに子どもたち、若
い人たち、キリスト教を知らない人たちに、この本をどんな
ふうに手渡せるかを考えていく……。『聖書のお話を子ども
たちへ』を読んでくださったみなさんが、聖書はよい知らせ、
うれしいお話がたくさん詰まった本なのだ！と心から感じ、
子どもたちにもそのように聖書を物語ってくださることを願
っています。

　本書のもとになった連載では、3年にわたり『季刊 教師
の友』の編集委員会の方々、日本キリスト教団出版局の加藤
愛美さん、白田浩一さん、そして飯光さんが、毎回の原稿を
読んで、よりよいものへと手をかけ、執筆を励ましてくださ
いました。また、書籍化にあたっては土肥研一さんが、わた

しの思いを丁寧に形にしてくださり、イラストレーターの柿沼まどかさんを紹介してくださいました。みなさんに心から感謝します。

　柿沼さんの描くイラストは、平和で温かく優しい……。表紙の画、子ロバがカンテラをくわえて歩く姿は、この本の思いである詩編の言葉を映しています。

　あなたの言葉は私の足の灯

　私の道の光　　　（詩編 119:105、聖書協会共同訳）

　子どもたち、若い人たちが、先の見えない暗い道を行くときも、悲しいこと辛いこと怖いことがたくさんある世界をひとりぼっちで歩くときも、神さまの言である聖書のお話は、かならず、その道を照らし、進むべき一歩を踏みださせてくれる。だから、聖書のお話を子どもたちへ——それが、わたしたちに委ねられた、わたしたちが今できる仕事なのです。

　　　　　戦いが続く 2023 年の待降節

　　　　　「光であるイエスさま、来てください」と祈りつつ

　　　　　　　　　　　　　　　　　　小見 のぞみ

小見のぞみ（こみ・のぞみ）

1962 年、東京都に生まれる。聖和大学教育学部キリスト教教育学科、Presbyterian School of Christian Education 卒業。博士（神学）。現在、学校法人関西学院 聖和短期大学（2024 年 4 月より関西学院短期大学に名称変更）教授、宗教主事。この間、キリスト教教育主事として、日本基督教団塚口教会、大阪城北教会で教会教育に携わる。

著書に『田村直臣のキリスト教教育論』（教文館、2018）、『非暴力の教育──今こそ、キリスト教教育を！』（日本キリスト教団出版局、2023）。共著書に『教会教育の歩み──日曜学校から始まるキリスト教教育史』（教文館、2007）、『子どもと教会』（キリスト新聞社、2011）、『Thy Will Be Done──聖和の 128 年』（関西学院大学出版会、2015）、『奪われる子どもたち──貧困から考える子どもの権利の話』（教文館、2020）。訳書に P・J・パーマー『教育のスピリチュアリティ』（日本キリスト教団出版局、2008）。

聖書のお話を子どもたちへ

2024 年 1 月 25 日　初版発行　　　ⓒ 小見のぞみ 2024
2024 年 5 月 15 日　再版発行

著者　　　小見のぞみ

発行　　　日本キリスト教団出版局
　　　　　〒 169-0051
　　　　　東京都新宿区西早稲田 2-3-18-41
　　　　　電話・営業 03（3204）0422
　　　　　　　編集 03（3204）0424
　　　　　https://bp-uccj.jp

印刷　　　開成印刷

ISBN978-4-8184-1153-1　C0016　日キ販
Printed in Japan

非暴力の教育
今こそ、キリスト教教育を！
小見のぞみ 著

● A5 判並製／ 136 ページ／ 1600 円＋税

世界も、社会も、教育や保育の現場も、みんな傷ついている。だから今こそ、互いに愛し合うことを学ぶキリスト教教育を！　教会で子どもに関わる方々はもちろん、幼稚園、保育園、学校、子育て世代など、広く読んでほしいキリスト教教育入門。

子どもと祝う
キリスト教の祭り
希望への教育　2
レギーネ・シントラー 著

加藤善治、茂 純子、上田哲世 訳

● B6 判並製／ 198 ページ／ 1800 円＋税

クリスマスやイースターなどのキリスト教の祭りをどのように祝うか、また聖書のお話を子どもたちにどのように伝えていくか。5 人の子の母でもある児童文学者が、豊富な実例をまじえて解説する。